幸福
文化

掌握兩大養老現金流，搭配「4%比例」花費原則，
打敗未來高齡化又高通膨的財務計畫

退休後，錢從哪裡來？

〔退休教練〕
嫻 人
著

作者序

不用為錢工作之後，
你能過好生活嗎？

　　這不只是一本理財書，而是如何將理財方法和目前的職涯彼此結合、共同畫出可靠的退休藍圖，同時如何對抗途中會出現的小惡魔的一本書。

　　當幸福文化的主編來找我洽談第二本書的主題，是關於「中年人對於退休準備的焦慮」。我沒有想過自己還會要寫第二本書，因為關於退休的準備，在第一本書《提早退休說明書》中，都已經沒有保留寫光光了。但是，隨著我應邀去機關團體做退休規劃的演講，還有看到了讀者的留言和私訊，我改變了想法。

　　這本書會和上一本有什麼不同呢？

現在的投資標的，真的適合你嗎？

　　雖然我已經寫了第一本書，而現在電子媒體和社群上免費的資訊

作者序
不用為錢工作之後，你能過好生活嗎？

也是爆炸的多，**但就是因為有這麼多的資訊，所以才令許多人無所適從**。以我收到的問題為例：

- 面臨中年危機、想要開始投資的新手會問：「要怎樣投資 ETF，才能每個月幫自己加薪 1 萬元？」
- 40 幾歲，意識到自己老後照顧問題的朋友會說：「以後我老了、萬一臥床，每個月支出至少要 5 萬元，需要買高股息 ETF 來因應。」

一般人很容易受到社會上的廣告影響。

像是投信公司的文宣會出現這樣的廣告詞——「每月為自己加薪，生活天天都開心，快樂領息就是你」，「每月為自己加薪」給人一種「配息是確定的」的印象，而「生活天天都開心，快樂領息就是你」，則是把高風險的股票投資，描繪成天天都是晴朗的好天氣，給人「穩賺不賠」的想像。

並不是說投資高股息 ETF 就一定會去睡公園，但是它的功效的確是被誇大了。

寫書的同時，也赫然發現主修投資學的我，並沒有抵抗住大環境的風潮。剛進入金融業的時候，大家都在投資基金，我也投資基金，並且停利停損 25 年；而離開職場的 2017 年，發現身邊的退休朋友都在存股，於是我也開始存股，後來又流行高股息 ETF，雖然不是我的主力，但還是跟著買了一些。

連專業經理人的績效,都輸給指數型基金

2021 年開始定期定額指數化投資,我也在第一本書中傾向建議指數化投資,終於到了這次不是被市場的氛圍影響。所以,到了 2023 年,好幾支高股息 ETF 因為納入到 AI 話題的股票而狂漲 50% 以上,我沒有跟隨市場。這除了是退休後閱讀累積出來的堅定,也因為驚覺到:「我還有多少個 10 年可以和自己對賭?」

書中我分享股神華倫・巴菲特(Warren Buffett)用標普 500(S&P500)指數基金,向避險基金經理人下戰帖的 10 年賭局──巴菲特贏了。一個很簡單的投資方式,就可以輕易打敗忙進忙出的專業投資人,當然應該也包括忙進忙出聽消息、不比避險基金經理人厲害的我們。那位避險基金經理人 10 年間的平均績效是年化 2.2%,在高通膨的現在,這數字讓我很警惕:

- **給我自己**:雖然機率不高,但一定有人可以打敗市場的平均值,但是,我沒有很多個 10 年來測試自己的方法是不是比簡單的「買下全市場」的指數更好,如果 10 年後落到和避險基金經理人一樣,60 幾歲的我,能夠不後悔?。

- **給你**:「本多終勝」,錢多的話怎麼投資都不是問題,但是如果你感覺退休目標遙不可及,也和我一樣有感觸、到底還有多少個 10 年,希望讀者看過我的分享,可以堅定地直接跳過我的錯誤就好了。當然你看完以後決定怎麼做都好,投資是很個人的事,我不會說誰不對、誰錯了。

作者序

不用為錢工作之後，你能過好生活嗎？

就算是知名理財人，也會有心魔

我很欣賞的美國晨星（Morningstar）個人理財總監克莉絲汀・賓士（Christine Benz）寫了篇很有意思的文章，標題是「Do as I Say (Not as I Do): On my failings as an investor」（照我說的做，而不是看我怎麼做就照著做：作為一個投資人，我失敗的地方）。

文章中，克莉絲汀檢討自己雖然寫出很專業的理財文，可是她也還是會有心魔，因此她告訴讀者：「看我的文章說怎麼做就好了，不要照抄我實際上怎麼做。」

她的心魔，我也有啊！像是現金太多、債券太少。克莉絲汀說，知道持有太多現金無法對抗通膨，但是那好像是她戒不掉、讓她安心的奢侈品。改變理財的習慣不容易，誠實地面對心魔，**決定哪些理財習慣是你有本錢買單的奢侈品，而哪些奢侈品你已經沒有夠多的 10 年可以養得起**。

退休理財的心態、知識和執行

在這本書當中，會有 4 大關於「退休理財」的內容，從如何建立讓自己安心的現金流，到不同類型的投資組合，也有心理層面的，例如如何克服對於金錢和退休的心魔，最後與各位分享藉由經營人生下半場，持續保有主動和被動收入的作法。

1 打造退休後安心現金流的必備關鍵知識

第 1 章到第 3 章是關於在起步投資之前，要配備「至少應該要知道的投資知識」，就像上路開車前，得要先拿到駕照一樣。

怎樣才是真正安全的退休現金流？我一直被網友問到的**高股息ETF 不是萬用的答案，你應該知道該用哪些工具彼此搭配，並且釐清投資在你的退休藍圖中，該扮演怎樣的角色**。而當你還在累積退休金的階段，怎樣是最能確保可以達到退休金目標的方式？

沒有一種投資工具是完美的，你是自己的退休金經理人，不要憑直覺、看風向，決定之前確定你了解各種風險。在書中，我也會分享自己的狀況，以及未來會做的調整。

2 從千萬退休金到安心的退休後現金流

在第 4 章的內容，我們要組合第 1 到 3 章中的觀念和工具，制訂一個「千萬退休金」的達成計畫，同時也要來看如何組合成不怕用光的退休現金流。

退休金該準備多少，才能讓你有工具去完成退休的藍圖？1 千萬元只是退休金目標的代名詞，臺灣和所有國家一樣都有貧富懸殊的問題，不是一個標準答案，對有些人來說，1 千萬元可能很小兒科。不過，如果我要在退休之後對社會有貢獻，我會選擇幫助迷惘的小資族，而不是錦上添花去協助問題不大的高薪族。

有次演講後，有位 30 歲出頭的男生過來跟我說，他想好了退休金目標，設定 60 歲要達標；第一本書的讀者中，有位 40 幾歲的女生

跟我說，她之前為家人付出許多，現在才要開始認真為自己打算，務實地計算過後，她必須工作到65歲，並算好一個要努力達到的數字。

在這個「好想退休」比較多時候像口頭禪的年代，每次聽到有後輩們這樣務實，都會覺得很感動！

不要覺得自己距離目標很遙遠、不可能，即便像阿姊我一樣曾經有很好的工作，但是提早失去了，而有些人有了錢之後沒有管理好，也還是失去了。

雖然每個人的狀況不同，但是不管遇到怎樣的處境，就是見招拆招、接受挑戰、解決問題。設一個小一號的目標也好，開始規律儲蓄！就算達成率不是100%，20、30年後回頭看，也該放寬心、感謝自己曾經的努力！

3 退休財務的5道魔王關卡

用計算機算一算，就可以順順地達成退休金的目標？退休理財是很長期的準備工作，過程中會有好幾個魔王關來考驗你，長照、房子的問題、家人、職場危機……包括你也許沒想過，最大的敵人可能是你自己。在第5章，我們來一一拆解可能會讓退休理財失敗的幾個魔王關。

4 主動收入和被動收入

在第2章當中，我建議存退休金感覺吃力的讀者，要把握勞保、勞退的分數，讓雇主、政府一起幫你存退休金。可是有朋友問過我，

當工作真的很難熬，該怎麼撐到退休？

又或者是，萬一跟阿姊我一樣、一不小心「被退休」了，那該怎麼辦？而這時候，看完前面的章節，對於投資理財還是沒胃口，那又該如何？

危機就是轉機，因為離開職場，讓我有機會無中生有、創造出部落格的工作，除了分享我自己的歷程，我也訪談了幾位我的讀者和朋友，有些人和我一樣在沒有想到的情況下提早離開了職場，但是也有人早在離開職場之前就為「第三人生」的工作做好準備。即便是離開職場，也能繼續有工作收入的機會！

別忽略工作的重要性、持續工作也是退休規劃很重要的一環，結合理財和預備第三人生的工作，活出有意義的人生！

除了投資新手，如果你已經讀過我的第一本書，也希望這本書仍可以讓你從不同的角度再次確認、穩固自己對退休理財的規劃想法、體會退休後生活的哲學，仍能有所收穫。

一個人的問題，也可能是很多人的問題，這本書也是為大家整理的理財筆記。我把有人問過的問題放入每篇文章當中，無論有沒有看過我的上一本書，希望大家都可以從其他人對於退休理財、退休生活的提問中，獲得解答和意外的靈感。

最後要感謝責任編輯賴秉薇小姐在寫作初期給予的意見，即便謙稱自己是投資小白的朋友們，應該也能輕鬆閱讀；另，出版社也精心挑選了幾張我在旅行時所拍的照片，搭配想和大家分享的重要觀念，希望讀者們有愉快的閱讀體驗。

嫻人 2024 年 6 月

— CONTENTS —

目錄

· **作者序**·不用為錢工作之後，你能過好生活嗎？　　2

第 **1** 章

為了安心的退休生活，一定要懂的理財基礎知識

登出職場後，想過不為錢煩惱的人生　　14
財商補課！投資理財前的必備基本知識　　22
別讓通貨膨脹吃掉獲利！6個金錢保值觀念　　30
不工作之後，錢從哪裡來？2種理財現金流風格　　41

第 **2** 章

退休現金流（1）：追求安全第一的勞保和勞退

勞保年金，是常被低估的退休靠山　　50

用勞退建立更穩定、更安心的退休後現金流	56
讓退休後花錢有底氣！2 種養老型工具	64
現金是必須的氧氣，但不是安全的現金流	74

第 3 章

退休現金流（2）：
把握機運！分散風險的投資工具

不踩雷、不失手的理財經驗分享	82
投資了 25 年的基金，阿姊不賭了	85
解除金錢焦慮的「存股」，到底行不行？	96
投入前，先了解高股息 ETF 的 6 個事實	106
簡單安全、但考驗心態的指數化投資	117
除了台股之外的海外投資工具	125
債券 ETF 有穩定現金流，但別只看配息	134
小資族也該做的、投資最重要的事：資產配置	147

第 4 章

實作！打造千萬退休金和過好生活的現金流

退休要準備多少錢？用 4% 法則和 4 個步驟估算　　158

退休金要 1 千萬元？！我直接躺平　　165

藍圖大公開！投資晚鳥也能達成千萬退休金　　172

不擔心錢用光的退休後現金流規劃　　178

第 5 章

退休財務的 5 道魔王關

第 1 關：心魔，讓退休理財卡關的頭號敵人　　188

第 2 關：很現實、但又不敢想的老後照顧問題　　197

第 3 關：身為三明治世代，我容易嗎！　　202

第 4 關：有了房子，會不會拖垮退休金？　　212

第 5 關：天哪！沒想過會降落的中年失業　　218

第 6 章

主動收入和被動收入

還沒存到 FIRE 的錢就想退休？	228
中年職場危機時，可以嘗試的 6 種選擇	238
打造退休後的穩定被動收入	250

・**後記**・一定要幸福喔！給自己準備最棒的退休禮物！	260
・附錄 1・參考文章	262
・附錄 2・參考書目	266
・附錄 3・試算工具與好用連結	269

第 1 章

為了安心的退休生活，
一定要懂的理財基礎知識

登出職場後，想過不為錢煩惱的人生

用 40 年的時間，準備為期 35 年的退休生活

望向 60、65 歲，怎樣才是你理想中無憂無慮的退休生活呢？

- 基本的生活開銷支付，無須擔心。
- 萬一需要長照、萬一活到很老，單身的人或頂客族，不必擔心沒錢住養老設施，有孩子的不必讓孩子當看護。
- 不管是國內還是國外，可以有幾年時間自在到處走走，多看看這世界。

一般人所想的，大概是像這樣子吧！那要怎樣準備，才能達成這樣的目標呢？

有人參加我在臉書上的社團，是因為想知道大家都是怎樣理財

第 1 章
為了安心的退休生活，一定要懂的理財基礎知識

的。有一次，朋友跟我分享了辦公室裡面同事們的理財實況：

有人對股市毫無興趣。

有人在玩當沖，常常聚在一起討論會漲的飆股。

有幾位常會被各種新出的高股息、主題式 ETF 所吸引，2024 年以來，009XX 系列是熱烈聊天的話題，沒有買的話就插不進她們的談話。

有人則是完全聽理專說的，投資美股和各種基金，其實看同事也不懂到底投資了什麼。

還有一位快退休的同事，很擔心退休以後只有勞保年金，錢不夠用，想知道怎樣投資比較好，可是因為之前投資過個股都虧損，朋友建議他定期定額買 0050（元大臺灣 50）或 0056（元大高股息），但是他還是不敢採取行動。

假設是 25 歲開始工作、65 歲退休，而退休年齡要用最悲觀的（需要花最多錢的）長命百歲來估計，**可以有 40 年的時間來為 35 年的退休生活準備**，但是看辦公室的理財實況，大家都怎樣運用這段其實不算短的時光？

更何況以我自己來說，並不是這麼理想的狀況。直到 49 歲退休前幾個月，我還去了歐洲旅遊，那時候還沒意識到，我的職涯很快就要結束了。如果我也有幸長命百歲，我會是用 26 年的時間為 50 年的退休生活做準備！

數十檔基金、保單和活存,這樣算理財嗎?

既然要寫一本關於退休準備的書,就要交代我在職場的 26 年,是怎樣理財的。

由於在金融業工作,從開始工作的時候就有定期定額投資基金的習慣,不過,正因為在金融業上班接觸的金融商品多,就像前面提到那位朋友的同事嘗試各種 ETF 和基金一般,直到我退休後,才發現帳上還保有的基金超過 30 檔,不只如此,還有幾張投資型保單。也因為工作忙,竟然有一些錢是閒置在活存,連定存都沒有辦理。

想起來,我可以驚險地安全下莊,是因為我還算幸運,有不錯的職涯發展,而雖然理財績效平平,沒有很高的複利報酬,但由於薪水有不錯的複利成長,加上我的儲蓄率高,並沒有因為薪水不錯,就賺多又花多。

「花錢有節制」的習慣,讓我即使突然失去高薪工作之後,也沒有從天堂掉到地獄、由奢入儉難的感覺。

高薪不等於高資產!如何理財才重要

「啊,原來嫺人妳是靠工作、而不是靠理財翻身的?」等等,你也先別急著把這本書捐給圖書館或是賣去二手書。

第一本書出版之後,我有機會上媒體,大部分的留言是友善的,但是難免也有人想酸我一下,的確是有人跟上面的想法一樣:「這種高薪人士的理財方式,根本不值得參考!」

第 1 章
為了安心的退休生活，一定要懂的理財基礎知識

首先，我想強調的是，**高薪不等於高資產！**

以我的可投資資產來說，在 49 歲就退出職場，比 65 歲退休年齡少了 16 年累積資產的機會。至於我有繼承遺產嗎？爸爸走的時候，正好差不多符合《別把你的錢留到死》（*Die with Zero: Getting All You Can from Your Money and Your Life*）這本書的中心思想──「零遺產（Die with Zero）」，存款僅夠辦後事，因此，現在我的錢有 99% 是自己賺來的。至於不動產，沒錯，我是在台北市擁有一間房，不過那是一間改建遙遙無期的自住古蹟老公寓。

以上這些狀況，以住在台北市這座天龍國來說，就算是以前薪水不錯，我也不敢說自己是「高資產人士」。

月薪高或低，都要有投資規劃

對於認為「高薪族的理財意見，不值得參考」的看法，我好奇：「如果我在被退休前 5 年就有所警惕、並且開始記帳，難道不值得非高薪的讀者們參考？難道年薪不到百萬、就不必記帳？可以乾脆地月光？」

如果我這曾經是所謂高薪收入的人，在意外被退休初期、也會因金錢焦慮而跑去剪 250 元的頭髮，不是高薪的人看到我的經驗分享，是不是要警惕、下定決心為退休儲蓄做準備？

退休後，我大量閱讀理財經典書籍、確保僅剩的人生中理財不出錯，謹慎做好資產配置，顧好人生最後一桶水，難道不是高薪的人就該憑直覺、看風向，或是追求自認更聰明的方法賺快錢？

在 2017 年剛退休時，通貨膨脹還不嚴重，我就擔心手上那一桶金

對抗不了通貨膨脹，仔細研究退休金管理的 4% 法則，該如何面對退休後遇到物價上漲的問題——果然，2022 年通貨膨脹來了。難道說，認為高薪族的投資規劃不值得參考的人，覺得不需要擔心通貨膨脹？

如果我這曾經是所謂高薪的人，在剛退休時努力研究退休後還能做什麼工作，有了點小收入，讓退休後的出遊時光更安心，也讓生活更充實，難道這不值得一般的上班族、小資族的朋友們參考？

被理財網紅打敗的諾貝爾獎得主們

自序中提到的這篇文章標題「Do as I Say (Not as I Do)」（照我說的做，而不是看我怎麼做就照著做），正是我想寫書分享自己退休理財與退休人生的初衷之一：要怎樣才不會和我一樣在投資的路上「蛇行」，在被退休的時候為自己捏一把冷汗？而我又是如何從基金投資、再換到個股投資、高股息投資，然後落戶為指數化投資的推廣者。

投資是一門學科，幾位諾貝爾經濟學獎得主因為研究投資組合而得獎，我們不需要去讀他們的論文，其實當中像是 1990 年諾貝爾經濟學獎得主威廉‧夏普（William Sharpe），在 Podcast 受訪也就像親切的老爺爺，訪談中並不是在告訴大家數據模型和公式，他說得很簡單，「買下市場組合的大盤指數化投資就對了」。

很可惜，現在網紅比諾貝爾獎等級的得主們有影響力，以臺灣的狀況來說，指數化投資已經被高股息投資打趴了。

短期的績效很難證明投資功效

有天，我在以研究退休現金流聞名的韋德・普福（Wade Pfau）博士創辦的「退休研究家（Retirement Researcher）」網站上，看到肯尼斯・弗倫奇（Kenneth French）的演講活動訊息，顧不得美東時間下午 2 點是台北半夜 2 點，忍著睡意起來聽，他說的就是這種狀況。

弗倫奇教授是誰？他最有名的研究，是和 2013 年諾貝爾經濟學獎得主尤金・法瑪（Eugene Fama）一起發展出來的著名的 Fama-French 三因子模型（Fama-French three-factor model）；我就不多說明這個模型了，以免對投資不熟悉的人更害怕投資。

其實，這些教授的演講讓聽眾感到非常如沐春風，他們在面對一般大眾時，並不會賣弄艱深的知識。

弗倫奇教授說，現在市場上的雜音（noise）很多，有很多人會說「不會啊，我用這種投資策略，很賺錢喔」，但弗倫奇教授表示：「這幾年的投資大多頭，看到賺錢好像很容易，但是，只用 4、5 年的投資績效來說自己的投資方式很管用，那是不對的。」

弗倫奇教授舉了一個例子說明，「要證明一種投資策略可以長期打敗大盤，可能得花上 64 年的時間。」也就是說不要看過去幾年短期間哪個投資報酬率高，就說它贏大盤了。

為什麼這些世界級的學者支持買下全市場的指數化投資，而在臺灣卻風行高股息？弗倫奇教授在一個訪談中自我解嘲這種狀況：

「為什麼媒體不講買下全市場的被動投資？因為一直講指數投資很無聊，媒體需要吸睛的故事；這星期有位口齒伶俐的美女跟你說這

個策略很棒、下星期是健談的帥哥跟你說又出了一個很棒的新投資方法……這些放在雜誌封面才會吸睛,把我這老教授放在雜誌封面、每次都說指數投資,沒有人會買啊!」

敗給這些俊男美女,我可以感覺到 70 歲的教授心情有點淒涼。這世界,常常是會包裝的人占上風。

嫻人的理財摘要

- 思考你的理財方式,是當沖、飆股、追蹤新推出的高股息、主題式 ETF、基金?還是一朝被蛇咬過、不敢投資?
- 各種選股方式的高股息、主題式 ETF,有話題性,搭配粉專、媒體可以產出很多的節目、內容,而消費者也有多樣選擇和採買的樂趣;提供新鮮的投資知識,讓人感覺內容豐富,一定有致富的密碼可以學。但問諾貝爾經濟學獎得主,問頂尖的財經教授,他們卻每次都是一樣的說詞:「堅持指數投資就好了。」你覺得,哪一種是真的知識?

2023年4月 嫻人攝於日本盛岡北上川畔

沒有一種投資工具是完美的,
你是自己的退休金經理人,
不要憑直覺、看風向,
決定之前確定你了解各種風險。

財商補課!投資理財前的必備基本知識

雖然說弗倫奇教授自嘲只會講指數化被動投資、不受美國媒體歡迎,不過,美國整體的財商知識體系,還是比臺灣好多了,如果去看美國一些正式的官方網站,常常會發現不錯的財商知識。

舉個例,在美國證券交易委員會(Securities and Exchange Commission)官網上,有一篇文章提到了「做投資決定之前,要思考的 10 件事」,而在這 10 件事中,我個人認為最重要的是以下這 3 件。

目標、風險、配比——投資時最重要的 3 件事

1 設定合理的短、中、長期理財目標

「每月為自己加薪,生活天天都開心,快樂領息就是你」,是不是一個適合你的投資目的?

第 1 章
為了安心的退休生活，一定要懂的理財基礎知識

在演講當中曾被問過：「怎樣投資可以幫自己每月加薪1萬元？」這個問題讓我語塞。也許你會說，這也答不出來？很簡單啊！

「如果用流行的月月配的基金或是ETF來算，假設一年配8%，只要投入150萬元本金，一年就可以配12萬元，每個月就可以幫自己加薪1萬元，隨便找一檔高股息ETF不就有了嗎？」

每個月配息1萬元給自己加薪，然後把它用掉，而150萬元的本金是會因為通貨膨脹愈來愈薄的。有人不認同，「不會啊，2023年很多高股息ETF配息之後，本金又漲了50%耶！」但是，那不會是年年都有的常態，而且配息也不會是固定的。

為退休理財，應該是現在儲蓄、節省，讓退休後有合理的生活品質。在退休前累積退休金的階段，合理的理財目標應該是「如何每月省下5千元／如何每月增加5千元的收入，為未來儲蓄、讓退休金長大」，而不是「現在靠配息加薪可以消費的1萬元」。

想著用配息來加薪，是在應該要累積退休金的階段，增加了開銷的空間，在該多種樹（累積退休金）的時候，卻先開始砍樹（花費）。以下是幾個理財目標的範例，建議大家可以用這幾個範例作為自己的目標規劃看看。

● **短期目標**：（1）還清卡債。（2）擺脫月光、儲存到3～6個月生活費的緊急預備金。（3）刪減不必要的開支，每月增加5千元的儲蓄。※短期目標達到之後，才可以開始談投資。

● **中長期目標**：（1）儲存到買房的頭期款。（2）小孩的教育基金。（3）資助父母養老的準備金。

● **長期目標**：（1）還清房貸。（2）達成退休金目標、有個舒適的老後。（3）在60歲之前達成退休金的目標。

為長期的退休儲蓄，要用的就是長期投資的方法，避免樹種了還沒長大就砍掉，砍了再重新種樹。光陰不等人，一晃眼幾年的時間就會過去了。了解財務需求，按短、中、長期規劃，選擇適合的工具，才能提高接近目標的機率。

2 了解各項投資的風險

有次去演講，有聽眾問我「有沒有保證7%獲利，但沒有風險的投資工具？」，只能說，如果有這種「高報酬、沒風險」的好東西，我也很想要！

2023年許多高股息ETF因為納入AI話題股大漲，導致許多人以為投信公司打出8%～10%吸睛的配息率，就是保證的報酬率，紛紛瘋狂買進。但是，沒有一種投資工具是高報酬而沒風險的！想要有高報酬，就要承擔高風險。

常見的理財工具如定存、公債、公司債、債券ETF/基金、儲蓄險、股票、股票ETF/基金等等，就像每一種車款有不同的性能，投資工具也有不同的特性。風險低的像是定存、報酬也低。

不過，在2022年升息之後，美國人存定存也有5%以上的報酬，雖然是因為物價高漲才有升息這件事，卻也不無小補，但是臺灣的定存就長期處於低利率；而報酬率最高的股票，又上上下下像雲霄飛車，考驗投資人的心理強韌度。在投資之前，必須了解每一種投資工具的

風險是什麼，和對自己的適合度。

3 了解自己的風險承受度、調配適當的投資組合

「投資組合」聽起來是個很專業的名詞，但說白一點，就只是分配好投資不同工具（資產配置）的比例。

常用的資產配置工具是股票和債券，它們在退休資產配方裡面各有各的角色：

● **股票**：是加速退休金長大的火藥，可是 100% 都投入股票，要面對大股災來時資產可能縮水一半的風險。

● **公債**：是要保護股災時退休金不要受傷太嚴重，可是 100% 都投入債券，很可能又只是抵掉通貨膨脹而已，缺乏成長性。

問「投資這個工具好不好？」不是最重要的事，**更重要的是決定「資產配置」比例：要投資多少股票？多少債券？多少放在定存？** 以股票來說，成長性再好，如果無法長期持有，跌的時候嫌燙想賣掉，抱不住就沒有用。

雖然說股市長期是會向上成長，但是短期內一定會有上下震盪，你要決定自己能接受的震盪「搖滾區間」。什麼是搖滾區間？我們以 500 萬元為例，看看表 1 當中哪個範圍是你比較能接受的。

當股市漲 30% 的時候，100% 投入股市的人會大賺，資產成長為 650 萬元，可是當股市大跌 30% 的時候，也要能接受跌到資金剩 350 萬元。雖然說股市長期向上，但是，短期大跌到 350 萬元的時候，一定有很多人感覺天快塌下來了，這時候很難不跟著懷疑人生，很想拔

【表1】資產配置比例,決定你的「搖滾區間」

投入股市的比例 (其餘的錢先假設 沒有投資債券或定存)	搖滾區間 (假設總共有資金500萬元,漲跌後資金共為多少)	
	股市漲 30%	股市跌 30%
100%(= 500 萬元)	650 萬元	350 萬元
80%(= 400 萬元)	620 萬元	380 萬元
60%(= 300 萬元)	590 萬元	410 萬元
50%(= 250 萬元)	575 萬元	425 萬元
30%(= 150 萬元)	545 萬元	455 萬元

表1此表簡化,只假設投入股市,因為剩下的部分通常建議投入安全度較高的債券和定存,因此實際的報酬應該是會比表中顯示的金額稍高。

腿就跑。

但是,退休的投資要有長期投資的心態,怎樣渡過這種難熬的時間呢?所以,要決定的是一個讓你不會嘔吐的搖滾區間。每個人「體質」不同,你就投資不會讓你(跌到)想吐的股票比例就好了。

2017年底我剛意外退休的時候有點金錢焦慮,只有投資30%在股市,經過4年、到2022年初才投入到50%,到2024年之後,就維持60%的比例,這是我可以承受的「搖滾區間」。

檢討起來,剛退休49歲時只投入30%在股市,是太保守了,因此錯過賺到更多報酬的機會;不過,這也讓我安然度過2017年退休後的幾次股災,包含2018年底中美貿易戰、2020年3月的全球

COVID-19 疫情、2022 年俄烏戰爭和疫情後的通貨膨脹。因為帳面上沒有跌到吐，我還是待在投資市場裡面沒有被彈開。

不是要進進出出市場，而是決定適合你自己的「搖滾區間」，設定適合的配置比例，然後長期投資。

以上是我認為開始投資前要決定的 3 件最重要的事，而美國證交會網站上提到「投資前最重要的 10 件事」列表中的其他 7 件事，則可以作為輔助提醒的清單，在遇到各種挑戰人心和人性的時刻，幫助你保持清醒、穩健投資。

保持穩健投資的 7 個提醒

1 不要押寶個股

我公公雖然只認購了他工作的工廠的股票，不過累積了一輩子、以一名藍領階級到 90 歲過世時，竟然是一筆先生和手足們需要繳遺產稅的金額！也不過，這真的是運氣很好，一般人還是以分散投資、分散風險為上策。

2 保留緊急預備金

上班族要保留至少 6 個月的生活費作為緊急預備金，退休後甚至考慮 5 年內都不會用到的錢，才用來投資，這樣可以避免在恐慌的情緒下不理性地賣出股票。

3 繳清高利息的信用卡債

信用卡債的利率非常高，不管用什麼方式投資，都賺不到和這種利率一樣的報酬率，有錢的時候第一步是把卡債還清，有餘額才投資。

4 考慮定期定額

雖然很多的研究顯示，單筆投入有比較高的機率可以得到最大的資產成長性，因為股市長期向上成長，現在的高點是未來的低點，早投入、早點賺錢，但是，也要考慮中短期市場下跌時心理承受的壓力。

要知道在 2007 年的金融海嘯前，如果在高點單筆投資 0050，會需要經過 6 年的時間上上下下、含配息再投入的報酬率才會穩定轉正。定期定額雖然不是最賺的投資方式，甚至也還是有可能虧損，但是可以避免一次大筆投入馬上就虧錢，從此不敢再投資。

5 讓雇主幫你一起存退休金

勞保的保費是由政府和雇主一起幫你負擔大部分，而勞退的部分則是由雇主依照薪資級距提撥至少 6% 到個人的退休金專戶，讓雇主和政府一起幫你存退休金，而不是全部想靠投資，才不會患得患失。

6 定期再平衡

按資產配置的比例投資，經過一段時間，股票和債券的比例會因為市場變動而改變，例如股票市場漲的時候，本來投資 60% 在股票，可能變成 70%，而債券本來占 40%，這時候比例可能下降成 30%。

第 1 章
為了安心的退休生活，一定要懂的理財基礎知識

建議一年要檢查一次這個配置比例，例如賣掉股票超過比例的 10% 轉向買債，這樣是強制買低賣高，也是控制股票風險的比例。

7 避免投資詐騙

2023 年爆發全台史上最大金融詐騙案，聲稱高配息的澳豐基金，其實是違法地下銷售騙局，總共有超過 1 萬人受害。

而臉書、Google 廣告充斥著冒用網紅、名人的詐騙廣告，聲稱有秘密的、快速致富的明牌會分享，我的粉專也經常被詐騙冒用。不要相信有秘密的賺錢機會，不要相信高配息，只透過合法金融機構往來、在平常使用的證券 APP 上交易。

嫺人的理財摘要

- **退休理財最重要的 3 件事**：（1）設定合理的短、中、長理財目標。（2）了解自己的風險承受度。（3）資產配置。
- **降低「從此不敢再投資」的風險**：新手要注意避免押寶單一個股、避免大筆金額一次投入。
- **不把投資想像得太美好**：讓雇主、政府一起幫你累積退休金，用穩定的心情投資；避免被高配息、快速致富的標題吸引，遠離詐騙。
- **投資前，務必先理債**（特別是高利息的信用卡債！）。

別讓通貨膨脹吃掉獲利！
6 個金錢保值觀念

　　如果你的資產很多，這本書就不必看了，本多終勝，不過如果你還在為退休金掙扎努力的話，每個 1 萬元都得來不易。怎樣看懂一個投資商品、不被廣告詞迷惑？如何不讓通膨吃掉獲利的價值？掌握本節分享的這 6 個觀念，讓退休金長大。

觀念 1

考慮「貨幣的時間價值」，
保本，其實是蝕本！

　　我在疫情之前去的咖啡館早餐組合是 70 元，疫情期間閉關沒再去咖啡館，疫情後再去，發現同一款早餐組合已經變成 100 元！我的錢變薄了！這就是貨幣的時間價值（time value of money），現在的

第 1 章
為了安心的退休生活，一定要懂的理財基礎知識

70元不等於未來的70元，而未來的100元也不等於今天的100元！

通貨膨脹會讓錢變得愈來愈薄，是影響貨幣時間價值的因素之一，這是很多人擔心的事，但我們卻還是很容易中招！首先，「保本」讓人安心，例如投保儲蓄險，6年後可以把10萬元領回來，但如果通貨膨脹率是2%，6年後的10萬元只等於現在的88,797元。這也發生在持有公債、海外公司債到期這種訴求到期還本的工具上。

考慮通貨膨脹後，其實「保本」就是「蝕本」，要避免全部都投資在這種看起來安心，卻一點也不抗通膨的理財工具。

再來就是高股息ETF和高配息基金，「月月領」也是聽起來令人安心，但是月領1萬元，如果通貨膨脹率是2%，過了5年以後領的1萬元，只等於現在的9,057元！而且，配息並不是保證的。

你有沒有想到什麼案例？請使用＜附錄3＞的連結中的工作表1，用Excel試算看看「貨幣時間價值」。

觀念 2

「保守」和「等待」，會浪費機會成本

當我們滑手機看些沒營養的內容時，損失的不只是時間，還損失了可以看書提升自己、做更有意義的事的機會，這就是機會成本。

不只沒營養的東西會讓我們付出機會成本，追求安心，也常常會讓我們付出機會成本。

當你決定要投保一個保本但是只比定存好一點的儲蓄險，假設這

張保單有 2.5% 的報酬率，資金押在那上面幾年不得動彈，使得你不能去投資 0050 或是 VOO（先鋒標普 500 指數 ETF），這兩者過去都有 8% 以上的長期平均年化報酬率，也就是你為了保本的安心，卻付出了 5.5%（8% － 2.5%）的機會成本。

雖然我在 2017 年底退休時，面對股市萬點並沒有做壁上觀，但是從 30% 開始慢慢投入股市，而不是一步到位、勇敢地佈置好股 60% 債 40% 的配置，當股市直上 2 萬點再回頭看，我的心安，其實是付出了相當的機會成本換來的。少賺到有機會可以賺到的錢，就是機會成本。

求安心的「保守」和「等待」，都是要付出機會成本的；當然，人生不用算到這麼精，也不要因此莽撞投資。不過，還是要記得沒有掌握機會成本的觀念，失去的是讓我們得到更好生活的機會。

要學習的是在「安心」和「機會成本」之間，拿捏出一個平衡點。像是定期定額慢慢投資，就是一個很好的平衡的方式，求安心，又不是完全不行動。

`觀念 3`

高配息，並不等於高報酬

2024 年 3 月募集的 00940（元大臺灣價值高息），投信公司主打標的指數近 5 年平均殖利率達 8.6%，不少人以為 8.6% 是報酬率；也有人會把每個月的配息乘以 12，然後用這個數字來說這是報酬率，

第 1 章
為了安心的退休生活，一定要懂的理財基礎知識

這也是誤會，總報酬和配息率是不相同的。

總報酬 = 價格增減 + 配息

在表 2 中，我們以歷史最久的高股息 ETF 0056 來看，即便是訴求高配息，當股市跌的時候，還是會有虧損的年度，配息率不是報酬率，而且也不是一定會配息。

【表 2】當股市下跌，高配息 ETF 的報酬也下跌
（以 0056 虧損年度示範）

年度	總報酬（1）	報酬來源	
		價格增減（2）	配息 (1)-(2)
2008	-46.99%	-46.99%	0
2011	-12.8%	-20.42%	7.62%
2015	-5.44%	-9.56%	4.12%
2022	-17.73%	-24.36%	6.63%

※ 資料來源：含息總報酬及價格增減之報酬係查詢美國晨星 Morningstar

而配息高，也不代表報酬率比較高，我們再用臺灣歷史最悠久的 0050 和 0056 這兩支 ETF，從 2008 年到 2023 年共 16 年間的資料為例，請見表 3。先說明，這本書舉例高股息時會常常用 0056，不是因為我特別喜歡它或是和它有仇，而是因為它有比較長的歷史資料，希望 0056 的支持者們別把我認做 0056 的「黑粉」呀！

33

【表3】高配息，不等於高報酬！
（以 2008 年到 2023 年間 0050 和 0056 為例）

比較項目		0050 跟蹤大盤的指數化投資，不訴求高配息	0056 訴求高配息
配息（殖利率）		大約 3%～4%	可以高達 7%～8%
報酬率	不含息，僅含價格上漲	累積報酬率 120.42% 年化報酬率 5.06%	累積報酬率僅 46.95% 😢 年化報酬率僅 2.43% 😢
	含價格上漲以及配息	累積報酬率 266.17% 年化報酬率 8.45%	累積報酬率 236.92% 年化報酬率 7.89%

※ 資料來源：美國晨星

　　從表 3 的內容可以看到，訴求高股息的 0056 不論在僅含價差的報酬率、或是含配息的總報酬率，都落後於跟蹤大盤、不訴求高配息，但是價格成長較有潛力、追蹤大盤的指數化投資 0050，而且表 3 中，0056 的含息報酬是要嚴格執行「配息後再投入」才會有。投資 0056 比 0050 少的報酬，就是投資 0056 付出的機會成本。表 3 的數字是截至 2023 年底，這一年 0056 因為納入 AI 概念股而大漲，否則累積報酬率落後 0050 更為顯著。

　　現階段你的理財目標是養大退休金？還是領配息？如果是前者，那選擇盡量少配息、真正的指數化投資，讓錢留在帳上繼續複利，才是比較好的選擇。

　　附帶說明，報酬率的數字要去哪看呢？我自己比較常用的兩個網

第 1 章
為了安心的退休生活，一定要懂的理財基礎知識

站是 MoneyDJ 和 Morningstar。我把連結放在＜附錄 3 ＞ Excel 表的工作表 2。有時候看到的數字是總報酬率，有時會看到年化報酬率，我也把累積報酬率和年化報酬率換算的公式放在＜附錄 3 ＞的工作表 1 中。

觀念 4

長期投資，讓複利養大退休金

在國中的數學有教過單利和複利，最簡單的例子就是定存，每年領出利息叫做單利，但是如果每年年底的時候把本金和利息一起再投入，年復一年，就會滾出複利。

- **假設每年可以有 8.45% 的報酬率，而本金 100 萬元：**
  第 1 年初：100 萬元
  第 1 年末 = 100 萬元 * (1+ 8.45%) = 108.5 萬元
  第 2 年末 = 108.5 萬元 *(1+ 8.45%) = 117.6 萬元
  第 3 年末 = 117.6 萬元 *(1+ 8.45%) = 127.6 萬元

以此類推，第 16 年末，用財務公式快速計算，結果如下——

100 萬元 *（1+8.45%）^16（年）=366.2 萬元

等於經過 16 年，原先的 100 萬元又多出 266.2 萬元，總報酬率

大約是 266%。

有沒有覺得這數字很熟悉？266% 就是表 3 中 2008 年到 2023 年的 16 年間 0050 的累積含息總報酬率。用財務公式再換算回去，也就是等於 8.45% 的年化報酬率。

曾經有讀者問我：「股市上上下下，有時候跌很慘，怎麼會有複利報酬率？」

的確，2008 年 0050 含息跌了 43.2%，和 8.45% 的平均正報酬差太多了吧！可是，就在隔年的 2009 年，0050 反彈、含息又漲了 74.96%，遠遠超出 8.45%！

年化複利報酬率的 8.45%，是過去 16 年來的平均數！**雖然股市上上下下，只要能夠長期持有超過 20 年，就可以大大降低虧損的機率**。讀者可以用＜附錄 3 ＞的連結，使用工作表 1 試算看看。

接著，再用前面表 2 中 0056 的歷史報酬率做例子：

如果配息不花掉，而把配息再投入，這樣累積總報酬率有 236.9%，16 年前的 100 萬元，現在等於 337 萬元。

但是如果配息花掉，沒有配息再投入，這樣累積總報酬率約有 47%，16 年前的 100 萬元，現在只有累積到 147 萬元，其實差不多只有和通膨打平而已。

如果要最大程度養大退休金，就要把配息再投入，避免把配息花掉，才能產生複利效果。

巴菲特為他的合夥人查理・蒙格（Charlie Munger，1924~2023）的著作《窮查理的普通常識》（*Poor Charlie's Almanack: The Wit and*

第 1 章
為了安心的退休生活，一定要懂的理財基礎知識

Wisdom of Charles T. Munger）寫了序，其中有一段是這麼說的：

「他（查理・蒙格）選擇自己做複利的活教材，避免鋪張浪費，免得削弱了他做為榜樣的力量，也因此，查理的家人體會到坐長途巴士旅行的樂趣，而他那些被囚禁在私人飛機裡的有錢朋友，則錯過了豐富多彩的體驗。」

很多人說複利很困難，不進進出出股市根本違反人性。但是我們做不到的事，不代表蒙格節省、長期投資的榜樣不值得學習。

要能夠長期投資累積複利，那就要選擇可以長期持有的標的，對一般人來說，追蹤大盤的指數化投資，就是最安心、不怕幾十年後發現選錯老婆、嫁錯郎的工具。

觀念 5

計算實質報酬率時，一定要考慮到通膨

物價上漲會吃掉我們的購買力，所以「實質報酬率＝我們一般看到的名目報酬率－通貨膨脹率」。

2022 年 COVID-19 疫情過後，世界各國通貨膨脹率（消費者物價指數 CPI）都飆高，臺灣也曾經有幾個月超過 3%。

以持有公司債到期為例，如果說配息 5%，扣掉通貨膨脹 2%～3%後，實質的配息只有 2%～3%。即便到期還本，本金也是被通貨膨脹侵蝕，要考慮這樣是不是值得承擔單一債券倒帳的風險，況且這種投資在臺灣常會被收取高額的費用。

觀念 6

別讓金融機構的費用分享你的退休金

除了通膨，各種管理和手續費用也會吃掉報酬率，除了前面說的投資等級公司債，還有很多的例子。

為什麼愈來愈多人改用 ETF 投資取代傳統的基金？雖然基金有平台推申購時「免手續費」，但還是有從淨值內扣的經理費。一般股票型基金每年大約內扣 1.5%，假設投資的淨值是 100 萬元，一年是內扣 1.5 萬元，假設淨值都沒變，10 年就是內扣 15 萬元。而基金經理人如果沒有打敗市場平均，根本不該收費才對。

雖然本書中用 0050 作為臺灣股市投資的代表工具，但是，愈來愈多人改用 006208 取代 0050，因為同樣的投資邏輯，2023 年 0050 的費用率是從淨值內扣 0.43%，006208 是 0.25%。

為什麼愈來愈多人會用海外開戶或是透過國內券商複委託去投資美股的投資工具？同樣是投資美國標普 500 大公司，到 2024 年 4 月，美國的 VOO 費用率已經低至 0.03%，而臺灣的 00646（元大 S&P500）2023 年的費用率是 0.48%。當然，透過台股方便投資、節省時間也是一種好處，不過，費用上的確差異很明顯。

去買菜時不問菜價影響不大，但是投資工具費用的差異，也許就差了退休後一、兩趟旅行喔！

第 1 章
為了安心的退休生活，一定要懂的理財基礎知識

嫻人的理財摘要

要養大退休金，做投資決定之前，評估這些關鍵重點：

- 不全部投資看起來「保本」、但其實還是多少有「蝕本」的工具。
- 「等待」和「保守」，都有「機會成本」。
- 配息率不等於報酬率，高配息不等於高報酬。
- 長期投資、配息再投入，讓複利助你養大退休金。
- 通貨膨脹率是報酬率、配息率的負項。
- 別讓金融機構收取的費用分享太多你的退休金。

為退休理財，
應該是現在儲蓄、節省，
讓退休後有合理的生活品質。

2023 年 9 月　嫻人攝於英國約克

第 1 章
為了安心的退休生活，一定要懂的理財基礎知識

不工作之後，錢從哪裡來？兩種理財現金流風格

美國研究「退休後現金流（retirement income）」前幾把交椅的韋德・普福博士，在《退休規劃指南：導航退休成功的重要決策》（*Retirement Planning Guidebook: Navigating the Important Decisions for Retirement Success*）這本書中提到，**「規劃退休現金流的第一步，就是了解什麼是適合你的理財風格」**。你必須了解投資工具的特性，並且選擇適合你的投資方式，只有這樣，理財計劃才可能長久。

我自己在退休前，說實在的也是收集各種基金標的的投資菜籃族，在退休之後打掉重練，這時候要賣掉舊的投資可能會下不了手，而買入新的投資又可能想等更好的時間點，來回之間是時間的浪費。

我在 2017 年底退休，直到 2020 年初 COVID-19 疫情來襲之前，因為不想和那些基金共存亡，才下定決心出清它們。而這也是我雖然想要達到「股六債四」的分配，卻花了幾乎四、五年的時間才建置完

成的原因之一。

都已經要上戰場了,才發現拿了不對的武器,是要先後退,還是繼續往前衝?如果我在退休前就把理財整頓好,就不會在剛退休時經常拒絕朋友的邀約;越南豪華團的團費將近 4 萬元,我不敢答應,連一餐高於 500 元的聚餐都會盡量避免。不是沒有退休金,是沒有讓我心安的現金流,我不敢消費。

因此,對於普福博士所說「規劃退休現金流的第一步,就是了解什麼是適合你的理財風格」,我深深的有感,從開始理財時就選對工具,朝向目標直線前進!

普福博士在書中把退休現金流來源分為兩種類型:(1)安全型,(2)機運型。接下來我就分別說明這兩種現金流的來源。

> 類型 1

安全第一!5 種低風險的退休現金流來源 *
* Safety-first income sources

前面我們說過,要有高報酬就要承擔風險,但有些人寧願不要高報酬、也不想要冒任何風險,或是曾經在投資上受傷,對於承擔風險沒有胃口,因此偏好安全的收入來源。安全的現金流有以下幾大類:

1 勞保年金、公保年金

在工作期間不管是勞保或是公保,保費都有政府部分負擔,而勞

保的部分還有雇主負擔，等於是政府和雇主一起幫你存退休金，即便萬一有天因為年金改革而不幸給付打折，相信還是會勝過一般商業年金的條件。

這雖然不是投資理財，不是「財務資本」，不過是用「人力資本」累積年資，換取退休現金流來源。如果你可以用勞保、勞退累積到一個月有4、5萬元的現金流，對於退休就真的不需要擔心太多，即便做其他的投資，也可以不必得失心太重，這也是我不怎麼推薦別人跟我一樣提早退休的原因之一。

2 傳統年金險

這裡是指固定給付的傳統年金，不包括可能有虧損的投資型年金。年金保險是繳費給保險公司，然後一定歲數後只要仍生存，就由保險公司每年給付年金。

雖然在臺灣已經低利率很多年，現在買這種保單的條件通常只是比定存好一些，而且因為長壽化，現在的保單設計並不是真的讓人活多久領多久。不過，如果本身的勞保年金因為年資的關係不足應付生活所需，是可以考慮以商業年金來打底支應不能出錯的生活開銷。

3 握有美國政府公債到期

也就是許多人所謂的「直債」，每一期美國政府給你票面利息，只要握有到期就可以拿回本金。這幾年隨著投資管道多元化，也能方便購買到美國公債，因此被許多人用來規劃成固定的現金流來源。美

國政府公債通常被認為是幾乎沒有違約風險、不會還不出錢的債券。

另外，我還想到下面兩項現金流，也是可以商榷的選擇：

4 定存

即便理性上知道以臺灣 2024 年 6 月底不到 2% 的定存利率，扣除 2% 的通貨膨脹之後，根本還是負利率。不過如果追求安全第一，配置一些現金在定存，仍舊是個可行的選項。但因為定存通常只存一年，而利率是會升升降降的，所以這並不能說是「固定的現金流」。

5 房租

房租算不算沒有風險的固定收入？這會因為是否遇上奧房客讓房東的感受差異很大，並且也有房客斷租而中斷的風險。我有幾位朋友反而是在退休後把出租房賣了，省去管理的麻煩。

類型 2

把握機運！分散風險的退休現金流來源 *

* Probability-based income sources

應該要翻譯為「機率型」的現金流來源，可是這樣會讓人感覺文謅謅，很不平易近人，而且說投資是「機運」，也的確是「機運」。

投資市場上上下下像雲霄飛車，有些人敬而遠之，有些人樂在其中，對於賭機率的投資理財，接受度比較高。

第 1 章
為了安心的退休生活，一定要懂的理財基礎知識

在普福博士的書中，「機運型」的退休現金流是指**「傳統風險分散的投資組合，或是其他可以預期長期能成長、可以用來支持退休現金流的資產」**。

什麼是「傳統風險分散的投資組合」？舉例，威廉・班根先生（William Bengen）提出的退休 4% 法則，背後的假設是退休金要進行投資，並且 50% 投資於美國標普 500 指數（S&P 500 index），而另外的 50% 投資於中期美國政府公債。

雖然想到退休現金流，大家應該會優先想到存股領股息、高股息 ETF、高配息的基金，不過這在美國的退休規劃書中並不是主流。**普福博士提到，「高股息投資缺少學術實證研究」**，這和肯尼斯・弗倫奇教授所主張的一致，一個投資策略可能要花 64 年的時間驗證，才能確認它的確可行。

高股息的選股標準千奇百怪，沒有足夠的資料去驗證它們的長期報酬能否經得起退休後至少需要撐過 30 年的考驗。如果你跟我一樣想照書做，**朝向「風險分散的投資組合」去建立你的退休金，會是比較可以信賴的選擇。**

在臺灣，大家熟知的股債配置指數化投資工具，包括以下兩大類：

- **股票投資**：像是 0050、006208，或是可以透過複委託投資的 VTI（先鋒美國整體股市 ETF）、VT（先鋒全球股票 ETF）。
- **債券**：通常會是 10 年期或以下的中短期美國政府公債 ETF。

投資會成功，也有可能失敗，這一類的研究通常是用成功率來衡量，所以是「機運型」的現金流來源。

例如,「股五債五的投資組合,有90%的成功率,可以讓退休金夠用30年不會用光」,也就是如果運氣不好,退休生活中正好遇上經濟大蕭條,也有可能人還沒上天堂,退休金已經提前燒光。雖然失敗的機率只有10%,但也不是100%保證。

不管哪種理財風格,一定要有穩定的現金流

投資理財的報酬,是用來提升生活品質

雖然這幾年在臺灣投資的風氣盛行,在高通貨膨脹的環境下是好事,但普福博士提出了一個很醒腦的提醒:「不要過度依賴投資的功效!」

理想上,生活基本開銷應該由「安全第一」的、確定的退休現金流來源支應,基本的溫飽不能靠投資的運氣。和「機率、運氣」有關的投資理財的報酬,比較適合用來提升退休生活的品質,可以用來學習、旅行,多一點餘裕享受人生。

不管個人對於投資風險的胃口好不好之外,其實都應該把「安全」的部位先打底好,才開始「機運型」的投資。我最常聽到投資人對於「股」和「債」會有的兩種誤解如下,對於這2種現金流的類型,你是不是也有這樣的想法呢?

1 高評等的公司債券,可以買?

現在也有不少人購入投資等級公司債,就像是借錢給蘋果、微軟

等，雖然債券評等很高，按期給付利息，並且持有到期就可以還本。但在普福博士的書中，並沒有把投資等級公司債納入「安全第一」的資產選擇中，因為即便是高評等的公司債，並不是完全沒有違約的風險。

2 高股息 ETF 是股債配置裡面的「股」還是「債」？

不少人認為高股息是比較安全的投資，所以誤以為可以把它視為安全的債券。如果配息的誘因讓人比較容易展開投資，也是好事；不過別忘了，它還是股票，不是利率比較高的定存。

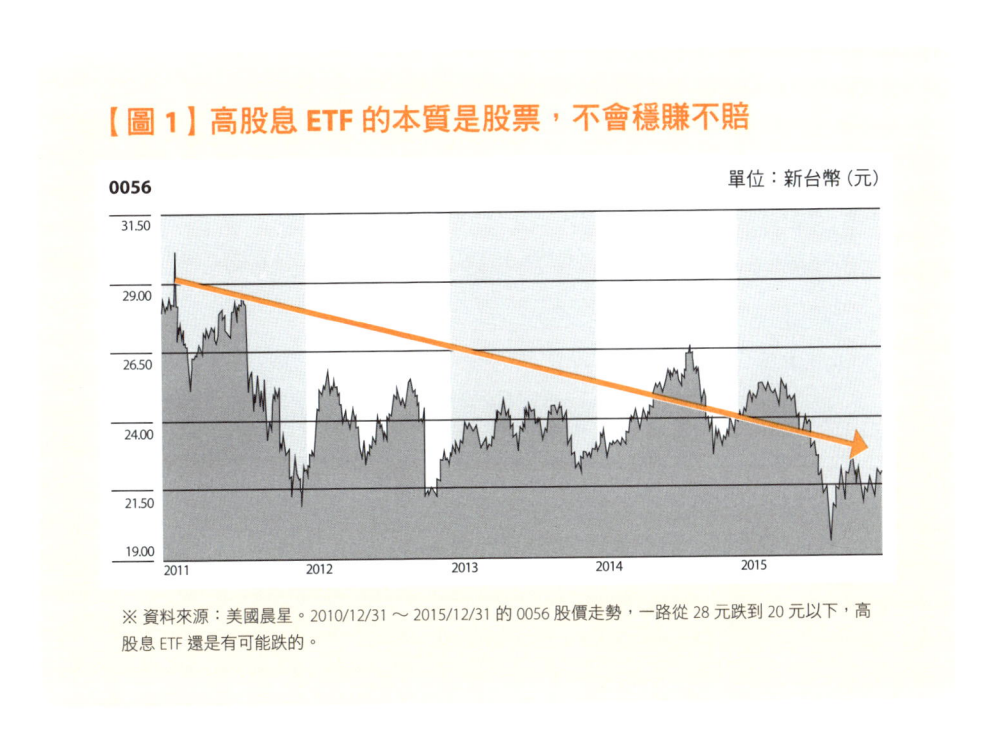

【圖1】高股息 ETF 的本質是股票，不會穩賺不賠

0056　　　　　　　　　　　　　　　　　　　　　　　單位：新台幣（元）

※ 資料來源：美國晨星。2010/12/31～2015/12/31 的 0056 股價走勢，一路從 28 元跌到 20 元以下，高股息 ETF 還是有可能跌的。

高股息 ETF 像是 0056、00878（國泰永續高股息）、00713（元大臺灣高息低波），不管配息多穩定、股價成長多少、多令人安心，但股票就是股票，還是屬於「機運型」的資產。

以 0056 來說，雖然 2023 年大獲全勝，但是從圖 1 可以看到，在 2010/12/31 到 2015/12/31 的 5 年之間，它的股價震盪向下，從大約 28 元跌到最低不到 20 元。有些人以為高股息就是穩賺不賠，其實那只是因為從我退休的 2017 年時股市每次下跌不久又上來，但不是永遠都會有這樣的好運氣。

嫺人的理財摘要

- 規劃退休現金流的第一步，就是了解什麼是適合自己的理財風格。認清楚資產該被歸為「安全」、還是「機運型」，做好適當的退休資金分配。
- 如果偏好安全、不偏好承擔風險取得較高報酬，最該做的是運用自己的人力資本累積年資，從勞保、公保等取得大比例的退休現金流。不足處由商業年金、持有美國政府公債到期來補足。生活的基本開銷，最好由「安全第一」的現金流來源支應。
- 「機運型」的現金流用來提升退休後的生活品質，謹慎投資可以使退休生活更美好。退休規劃中的「機運型」投資，通常是指指數化投資加上股債資產配置，高股息投資則沒有經過長時間的學術驗證。

第 2 章

退休現金流（1）：
追求安全第一的勞保和勞退

勞保年金，
是常被低估的退休靠山

　　勞保是退休準備的最基本拿分題，關於勞保的細節，一般上班族很容易覺得無趣，我也是看到身邊幾位 60 歲的朋友，在退休後都能月領 2 萬多元，才意識到難怪他們不會像我一樣突然陷入金錢焦慮。

　　即便退休對你來說還很遠，現在弄懂勞保的內容和機制，應該會讓你更理性面對職場的壓力和挫折，在感性地做出辭職的決定之前，更能理性地思考。

　　由於我對於公保不熟悉，並且限於書的篇幅，就沒有研究後納入，先跟適用公保的讀者說抱歉，浪費了你幾頁的買書錢，不過，也希望這內容仍對大家有提醒和幫助。

第 2 章
退休現金流（1）：追求安全第一的勞保和勞退

累積工作年資，用年金為退休金打底

至 2023 年底，根據勞保局的統計，全台退休勞工請領勞保老年年金的平均金額是 18,824 元，比衛福部公告那一年臺灣省的中低收入戶補助認定標準的 21,345 元還低。

依 2024 年止的相關規範，假設 68 年次的小美 65 歲才請領老年年金，以最高投保薪資 45,800 試算，在不同的年資下可以請領的金額如表 4，可以看到，如果從 25 歲工作到 65 歲，累積到 40 年的年資，這樣到 65 歲退休後每月可以領到大約 2.8 萬元，以退休後的基本吃喝來說就沒問題了。

【表 4】68 年次的小美要月領 2 萬元年金，年資得要至少 30 年！

年資	勞保老年年金月領金額*	相對於投保薪資的所得替代率**
20	14,198	31%
25	17,748	39%
30	21,297	47%
35	24,847	54%
40	28,396	62%

※ 勞保老年給付請領資格，詳見勞動部勞工保險局說明，連結置於〈附錄 3〉工作表 2。
* 2024.6.30 以最高投保薪資 45,800 元，依勞動部網站試算。
** 年金月領金額 / 最高投保薪資。

表 4 為簡單說明年資與年金金額，有關個人年資對應可請領金額

的相關試算，請至勞保局網站查詢，連結請見＜附錄 3 ＞工作表 2。

　　我在退休前薪水不錯，覺得勞保這沒多少錢，不看在眼裡。不過，當年我還沒 50 歲就意外提早退休，要再等 15 年才會等到 65 歲的法定起領年期（最早可以提前自 60 歲起、打 8 折起領）。我的 60 歲退休朋友們，每個月可以穩定地領 2 萬多元；就因為我沒有這筆錢打底安心，跟他們約吃飯還會特別提出不要吃太貴的，畢竟我得全部靠自己。

　　近幾年來，這些社會保險由於戰後嬰兒潮世代的大退休潮來臨，開始領年金的人數增加，而因為少子化的關係，繳保費的人持續減少，引發社會大眾對於社會保險制度財務的隱憂，但是也別因此提早投降。

　　即便屆時給付打折，相信這筆社會保險的年金還是會勝過一般商業年金的條件；而只要你持續工作，雇主就必須為你的勞退新制退休金加值 6%（在下一節說明）。==如果你平時存不了什麼錢，就比別人更需要持續工作、延續年資。==

讓雇主和政府一起幫你存退休金

　　在工作期間不管是勞保或是公保，保費都有政府部分負擔，而勞保的部分還有雇主負擔，以有一定雇主的一般勞工來說，截至 2024 年的分攤比例如下：

> 員工負擔 20%／雇主負擔 70%／政府負擔 10%

第 **2** 章

退休現金流（1）：追求安全第一的勞保和勞退

　　如果離開職場尋求適合的職業工會加保，自負比例就會加重為 60%（政府負擔 40%）；而如果能持續受雇，還有勞退新制的退休金，雇主也要提撥（不低於對應月提繳工資的）6% 到你的勞工退休金個人專戶。

　　如果你對退休金準備有強烈的不安感，勞保和勞退這個科目一定要修到，讓雇主和政府幫你一起準備退休金。

勞保機制會隨通貨膨脹調整，不怕退休金變薄

　　現在要找到能對抗通膨的現金流不容易，而勞保年金是有隨物價上漲而調高給付的機制。當 CPI（消費者物價指數）累計成長率達 5% 時，就會調整勞保年金給付。我有朋友 60 歲退休後被調高 2 次，現在一個月可以領到 2.6 萬元。

　　在退休金計畫裡面考慮到通貨膨脹是很重要的一件事，而勞保就有這樣的機制，<mark>「勞保年資」對於不願意承擔投資理財風險來讓退休金成長的朋友就更加重要。</mark>

工作太累想離開職場？注意「失能給付」

　　勞保除了老年年金，還有其他周邊給付，像是生育給付。進入中年之後這項應該是拿不到了，不過我覺得有一項值得注意的給付——<mark>失能年金給付。</mark>

　　之前有朋友跟我說，因為輪班、感覺身體撐不住，我建議先別輕

易離職，先跟雇主討論是否有輪調工作的機會。

愈是因為工作影響身體狀況，愈是要留意相關權益；在勞保投保期間內，如果是因職業傷害或罹患職業病而失能，是可以得到失能年金給付的。

嫺人的理財摘要

- 累積年資，用勞保老年年金為退休金打底。
- 勞保也是可以對抗通膨的退休現金流。
- 因工作影響身體健康時，請先與雇主商量職務內容是否有機會調整。

2024 年 3 月　嫻人攝於基隆八斗子

求安心的「保守」和「等待」，
都是要付出機會成本的；
要學習的是在「安心」和「機會成本」之間，
拿捏出一個平衡點。

用勞退建立更穩定、更安心的退休後現金流

當聽到要準備 X 千萬的退休金，讓人無力感很強，但如果能盡量發揮你的人力資本，勞保和勞退就可以幫忙解決掉一大半的問題。在勞保之後，我們來看勞退新制的部分。

在上班期間，雇主每個月要提撥不低於對應月提繳工資 6% 的金額到員工的勞退個人專戶，如果能讓年資持續，這部分有機會幫你填補上百萬到數百萬元。除了雇主提撥 6%，勞工也可以自己決定要不要在 1% ～ 6% 的範圍內參加自提，對於不敢投資、害怕投資的人來說，「勞退自提」是一個可以考慮的選項。

你可以進去「勞保局 e 化服務系統」裡查詢個人的勞保和勞退的相關資料，我自己會一年進去看一次，這個連結放在＜附錄 3 ＞工作表 2。

另一個也常有人提出的問題是「勞保破產怎麼辦」，但是勞退新

第 **2** 章
退休現金流（1）：追求安全第一的勞保和勞退

制和勞保是不同的兩個制度：

- **勞保**：屬於社會保險，會有繳費人數變少、計算的保費不足等問題。
- **勞退新制退休金**：是你的個人專戶，存放在勞保局，只有政府操盤績效好不好的問題，不會有破產的問題。

而關於勞退，勞工需要做的決定有兩個，這也是我最常被問到的兩個問題：是否要自提？選擇月退好嗎？

決定 1

要不要參加勞退自提？4 個考量點先評估

有人不敢自提，是因為擔心政府操盤破產，前面提過了，這點不需要擔心。而要不要自提的主要考量點其實有 4 個，大家可以一一評估看看，自己是否需要自提。

1 績效的考量：自己投資的績效，有比勞退高嗎？

根據勞動部網站資料，新制勞退基金在 2019 年至 2023 年的 5 年間，平均報酬率是 6.51%。很多人會說，「我自己投資 0050 或是 0056，績效都比這個好太多」，的確在同期間，0050 和 0056 的含息年化投資報酬率都有 16% 以上。但是，這樣的比較並沒有考慮到兩個問題。

勞退新制的資金得要考慮全民退休金的穩健性，要做全球股債配

置，因此的確沒有100%投入0050或是0056的報酬率高，我們在上一章有提到過，若將資金全部投入股市的話，「搖滾區間」範圍很大，政府管理退休金不可能這樣做。

而以2019年至2023年的5年間、勞退新制6.51%的平均報酬率來看，大約等於全球股票占60%、債券占40%的組合（詳見表5）。全部都投入0050或是0056，除了過度集中在股票，也有過度集中單一國家的風險，像是地緣政治和單一國家的景氣循環風險，16%並不是常態的長期年化投資報酬率。

【表5】2019～2023年勞退新制的平均績效

基金與指標	新制勞退基金	比較指標			
		台灣10年期公債殖利率	台灣加權股價指數	MSCI全球股票指數	Barclays全球債券指數
2019~2023 5年平均報酬率	6.51%	0.81%	13.01%	11.72%	-0.32%

※資料來源：勞動部網站

自己操作股票萬一虧損，要自己負責，但是勞工退休金是有提供「保證收益」，也就是「由開始提繳之日起至依法領取退休金之日止，不得低於以當地銀行2年定期存款利率計算之收益，如有不足由國庫

第 2 章
退休現金流（1）：追求安全第一的勞保和勞退

補足之」，雖然這個定存利率的保證不是什麼耀眼的東西，不過商業投資工具沒人敢提供這種保證。

就績效的考量來看，以下類型的上班族和勞工，非常適合自提：

- 不懂投資、害怕投資的人。
- 50 歲以上，需要比較保守、應該要做好股債配置的族群。
  （如果年紀還輕，可以比股六債四更積極的投資配置，例如 30 歲的人，股票投資可以占到 7～8 成，自己投資理財也許是比較適合的選擇）
- 投資進進出出、沒有紀律者、或是習慣高風險投資者，可以在政府這裡另一個口袋，幫自己的投資做備胎。

2 自制力的考量：帳戶有錢，就忍不住想花？

自提存到個人專戶之後，要到 60 歲才可以一次領，或是選擇月退，60 歲前不可以動用，這樣的規範可以避免自制力比較不好的人提前把錢用光，對於存長期以後要用的退休金來說，其實比月月領的 ETF 可能提前消費掉來得合適。但是如果你的個性很節制，倒也沒有一定要強迫自己把錢鎖在政府的戶頭。

3 預算的考量：有買房或是其他大筆支出的規劃？

根據勞動部網站查詢結果，截至 2024 年第 4 月底止，有超過

14%的勞工有參加自提,可以看出比例並不高。許多人會說「生吃都不夠了還要曬干」,這句話也偶爾出現在我出席媒體節目的影片下面,希望正在看這本理財書的讀者們內心不會吶喊這句話。

一般理想的儲蓄率要達到從月薪省下15%～20%來為退休理財,如果可以自提6%,加上雇主提撥的6%,就已經有12%了!換個角度看,這不是薪水被剝奪,而是在累積。

而這當然也要考慮到薪水的分配,如果有想要買房,而這幾千元會影響預算,這樣的確要評估是否把錢鎖到退休金的個人專戶,而影響了買房後的資金彈性。

4 稅的考量:薪水高到每當繳稅季就心痛?

在自提者當中,月薪資超過11萬元的人裡面,有大約50%以上的高自提率,因為提繳金額可以從當年度個人綜合所得總額中全數扣除免稅,這對高薪者特別有利。[1]

這並不是在業配勞退新制自提,只是說明背景狀況;我自己在上班族時代是有參加自提,現在那筆錢還繼續在我的個人專戶參與勞退的分紅。**我把它當成投資理財的打底,萬一投資失利,等60歲時還有這筆錢做為維持基本生活開銷的現金流備胎。**

---

[1] 雖然勞退新制自提在提繳時免稅,但是到了退休領勞退退休金的時候,還是有課稅的問題,只是在薪水高時延後課稅。勞保年金和國民年金屬於社會保險,就沒有課稅問題。

第 2 章
退休現金流（1）：追求安全第一的勞保和勞退

決定 2

多一個安全現金流，退休後要選月退嗎？

勞退累積到的退休金，目前大部分人會一次領出，但也有聽聞領出後很快就用光的狀況。如果比較謹慎保守，或是沒有要把退休金傳承給下一代，那也可以考慮選擇月退，**用月退的錢在勞保之外墊足生活開銷**。（勞退的月退休金為按季發放）

2024 年 6 月在勞動部官網的試算工具試算，如果有一筆 200 萬元的勞退新制退休金——

- 選擇 65 歲起領月退休金，輸入 3% 報酬率計算，月退金額大約為 1.15 萬元（每月），一年則大約是 13.8 萬元。
- 13.8 萬元除以退休本金 200 萬元，是將近 7%，不過這不是報酬率、也不是一般高股息 ETF 那種殖利率。因為，勞退月退並不像勞保老年年金一樣活多久領多久，勞退月退只可以領到平均餘命，到期就沒有了。

以 2024 年來說，60 歲起領可以領 23 年，金額稍低；65 歲起領則是領 19 年，金額稍高。要注意的是，平均餘命和計算年金的利率，會由勞動部定期檢討。

- **平均餘命的調整**：在退休後要起領時注意一次即可，因為調整後對於已受領月退休金之案件平均餘命就不再變動。

61

例如，上一版的60歲起領可以領24年，65歲起領則是領20年，後來因為平均餘命略有下降，所以年數縮減，但是之前已經起領的人不受影響。

● **利率的調整**：因利率重變動新核算月退休金額時，根據的是月退休金重算時月退專戶之賸餘金額，而因為賸餘金額還是在勞退專戶中參與投資，所以月退金額也會依照利率、投資狀況而變動。

以上僅為說明用途，個人年資、可請領金額的相關試算、最新規定請至勞保局網站查詢，本書也將連結置於＜附錄3＞工作表2。

另外，選擇月退後，剩餘在帳上的退休金仍可以參與勞退新制基金的收益分配，因此前一頁試算假設3%的年化報酬率，但需要注意的是，當收益高時分配就多，收益少時則分配少。

嫻人的理財摘要

- 保持工作年資，讓雇主為你提撥6%的勞退退休金。
- 考慮自提，如果不自提，也自己提撥每月至少薪水的6%進行投資理財，並確保績效不輸給勞動基金。
- 未來考慮勞退月領，在勞保年金之外，為退休後的基本生活費打好基礎，在這之外的個人退休理財可以更沒有負擔。

2024 年 1 月　嫻人攝於英國牛津

生活基本開銷應該由「安全第一」、
確定的退休現金流來源支應，
基本的溫飽不能靠投資的運氣。

讓退休後花錢有底氣！
2種養老型工具

　　曾經有上班族讀者跟我說，現在要先佈局高股息ETF，是因為擔心老後需要安養照顧費用，需要固定的現金流。

　　可是，高股息的配息並不是固定的！而且高股息投資還是股票，**不能出錯的費用要依靠看似安全的高股息ETF，其實不是沒有風險。股市好太久了，大家已經忘記股票的風險。**

　　如同普福博士所說，「基本生活開銷」盡量要用「安全的資產」支應，而「不是全部靠投資的機運」。年金和持有美國政府公債到期，是他所提出在社會保險制度之外、兩種安全性高的退休現金流來源。

　　先要聲明，**這2種都是退休的時候再來買就好了，真的不用先買起來放。**在退休金累積的階段，應該利用股債配置（特別是股票）投資長期向上的趨勢，而不是大部分鎖在這種養老的工具上，損失了機會成本。現在先提出來，是希望你可以預想退休之後的未來，可以怎

第 2 章
退休現金流（1）：追求安全第一的勞保和勞退

樣安排你存到的一桶金，先知道安養費用可以怎樣安排會更安全！

> **養老工具 1**

即期年金險，投入後立刻年領

所謂「即期年金」，簡單來說就是一筆投入了之後，就能馬上開始每年領的年金。除了普福博士之外，有幾位同樣是支持年金的專家們，也非常認同年金險的效益。

佛瑞德列克・維特斯（Frederick Vettese）是《精算師給你做得到的安心退休指南》（*The Essential Retirement Guide: A Contrarian's Perspective*）的作者，認為以退休規劃來說，年金險再貴都應該要買。

美國晨星是一家以基金研究起家的投資機構，它們的個人理財總監克莉斯汀・賓士廣受理財界尊重，而她在一篇文章中也提到，年金可以讓退休族在心理上比較安心進行消費。

年金本來是活多久領多久，但是現在因為長壽化，領太久保險公司也吃不消，所以現在台灣這種保單通常有「保證期間」，保證期間結束後雖然還是有少少金額的給付，但是少到應該要稱為「敬老金」了。

以 2024 年查詢某人壽公司即期年金保險為例，65 歲的王先生大約一筆躉繳保險費 200 萬元，選擇「保證期間 20 年期」，這樣能夠年領 12 萬元，簡單除以所繳保費，約等於 6%。

請特別注意，6% 是保證期間的配息率，不是報酬率喲！

前面這個例子是用 20 年保證期間來計算的，也可以選擇保證期間 30 年，這樣當然年金金額就會比較低。

> **養老工具 2**

持有美國政府公債到期，建議貨比三家

請注意，這裡是指許多人所謂的「直債」，也就是直接持有單一債券，並非第 1 章所提到「機運型現金流」當中、買下一籃子債券的「債券 ETF」。當手上有美國政府公債，每半年美國政府就會支付票面利息，只要繼續握有到期，<mark>美國是世界上最強的經濟體，不還錢的機率可以說是全世界政府中最低</mark>，所以也被許多人用來規劃固定的現金流。

目前在臺灣的金融機構就可以買到美債，舉例來說，2024 年 2 月 20 日我在往來銀行的官網，看到有一批債券還沒有到期之前，有人拋出來要賣，這批債券的資訊是這樣的：

- 2019 年 8 月 15 日發行、2049 年 8 月 15 日到期，30 年期美國政府公債，截至 2024 年 2 月，還有 25.5 年到期。
- 單位面額美金 100 元。
- 票面利息 2.25%。
- 這批美國公債 2024 年 2 月 20 日報價是 69.39%，也就是面額 100 美金，現在只賣 69.39 元。

第 2 章
退休現金流（1）：追求安全第一的勞保和勞退

曾經有讀者喜孜孜的告訴我：「面額 100 元，現在我只花不到 70 元就買到了，現買現賺！」

為什麼要折價 69.39 元便宜賣呢？當然不是因為金融機構佛心、要讓投資人現買現賺，而是因為在 2024 年 2 月 15 日，美國政府又發行了一批 30 年期的公債；因為升息了，票面利率已經提高到 4.25%。

那麼，要不要買前面票面利率只有 2.25% 的舊公債？當然不買！**在升息的時候，當然是買新的、利息比較高的債券！**因此原本的舊的債券就只好打折賣出了。

這就是為什麼說**債券價格和利率呈反向關係**，升息的時候債券會跌價、而降息的時候債券會漲價；也就是為什麼 2022 年 3 月美國第一次為了壓抑通貨膨脹而升息以來，大家期待很快會再降息、這樣美債就會漲價，臺灣人也激動起來狂買美債——不過，直到 2024 年 6 月底（寫書時的當下），眾所期盼的降息還沒有發生。

距離退休還很久的上班族，其實沒有太大的必要買直債把錢鎖進去，或是因為猜測利率而提早佈局，因為連聯準會主席也不知道通貨膨脹會怎麼走，該升息還是降息，要經過很多的評估和討論，邊走邊看，無法事先預測。如果一定想要買直債，請酌量不需要成為投資的主力。

每個金融機構可以買到的債券、報價不相同，**建議購買之前要貨比三家**，不只銀行、證券公司也要比較進去。而其實去美國券商開戶可以買到更好的條件，也有更多選擇，也有不少人這麼做，只是那部分不受臺灣政府監管，相關風險就要自行評估。

即期年金、美國政府公債和勞退月退，有什麼不同？

還記得前一節我們提到，累積到一筆勞退的退休金，也可以月退（季領），這同樣是年金的概念。

那麼這和跟保險公司買即期年金、或是持有美國政府公債到期，有什麼不同呢？雖然這些安全的現金流來源有其必要性，但是也並非完美，請看表6的比較表。

【表6】勞退月退／即期年金／持有美國政府公債到期的比較

比較項目	勞退月退	向保險公司投保即期年金	持有美國政府公債到期
可以請領的期間	以65歲起領19年為例	以65歲起領、保證期間為20年期為例	以65歲購買20年期公債為例
退休金200萬元可換得年金	約可以月退1.15萬元，一年大約是13.8萬元*	約年領12萬元	年配9.25萬元
年配息率	6.9%	6%	4.625%
到期可否還本	無，領到84歲結束	保證期間過後（85歲）後，給付就會大幅下降	85歲時可領回200萬元

第 2 章
退休現金流（1）：追求安全第一的勞保和勞退

中途可否退出	不行。除非身故由遺屬領回個人退休金專戶謄餘金額	不行。除非身故由遺屬領回未領的年金餘額	可以（中途賣出）。但 1.賣價視當時利率狀況而定，可能漲或跌價，長期債券的利率風險極高。2.在台灣買賣美債有不小的價差（金融機構的利潤來源）
違約風險	臺灣政府背書	慎選保險公司	美國政府違約風險極低
通膨風險	勞退月退尚未領的退休金，仍在勞退帳戶中繼續參與投資，於利率檢討時一併重算，年金金額有可能更高或更低	給付金額固定，因此有風險	給付金額固定，因此有風險
匯率風險	包含在投資損益中*	無	有
成本	無	已包含在保單定價中	可能會產生通路服務費、信託管理費，須注意成本會吃掉一些收益

＊勞退基金會進行海外投資，因此匯率風險是包含在投資損益裡；不過，政府提供不低於 2 年定存利率的保證。
※ 資料來源：（1）2024.6.30 使用來自勞動部「勞工個人退休金試算表」（勞退新制）試算，並假設投資報酬率為 3%。由於相關數據會定期檢討，請以勞動部官網最新試算為準。（2）即期年金保險係 2024.6.30 查詢「台灣人壽吉享利即期年金」。（3）美國 20 年期政府公債利率係查詢美國政府 TreasuryDirect 官網於 2024.6.17 標售公債數據。

如果沒有遺產留給後代的考量,選擇勞退月退或是投保即期年金,可以得到比較高的退休現金流。

直接持有美國政府公債到期可以還本,以整體報酬率來說會是比較好的選擇。但因為我們不是美國人,要在臺灣投資這些工具,和美國人比起來就會有些卡卡的地方,例如有匯率風險,而成本也要評估。

即期年金和美國政府公債的通貨膨脹風險(愈領錢愈薄),可以透過過幾年再加購額度的方式解決。

請注意,以上是以 2024 年 6 月的市場條件比較,不同時間點也可能得出不同結論。先了解這三種退休後的安全現金流來源,比較並評估看看哪一種是你想要的,等到真正登出職場後,再選擇最適合自己的養老工具。

退休金累積期,最好避免的 2 種年金形式

前面為大家介紹了幾種安全又穩定的退休後現金流來源,接著附帶提一下,還有 2 種年金的形式,也就是「利變年金險」和「投資型年金」,但是若你不是很大資,建議看緊荷包,避開這 2 種年金保險。

「即期年金」是自己累積到一筆退休金之後,把它交給保險公司、立刻「年金化」開始給付。而「利變年金險」和「投資型年金」是連退休金的累積,都在一張保單上完成,等累積到保單規定至少的年數之後,再把累積到的退休金「年金化」給付。

第 2 章
退休現金流（1）：追求安全第一的勞保和勞退

　　不過在臺灣，絕大多數人都只用到前段「累積退休金」的功能，很少人會把它「年金化」。

　　說到年金，應該是退休後才需要考慮的工具，不過在臺灣，「利變年金險」和「投資型年金」卻變成年輕小資族間受歡迎的理財工具，花了很高的機會成本，接著就分別說明為什麼我不推薦年輕人投保這兩種年金的原因。

1 利變年金：年報酬率低於2%，考量到通膨、根本是負利率！

　　2024年初查詢某保險公司保單，單筆投入20萬元放在保險公司累積，以宣告利率2%不變的情況下，6年後可以累積到222,530元，用報酬率的公式計算，每年報酬率不到2%。可以用〈附錄3〉的工作表1試算看看。

　　雖然說現在網路上討論理財的版風風火火，其實還是有人不清楚2%的報酬率是很低的，「實質利率＝名目利率－通貨膨脹率」，**扣掉通貨膨脹後，根本就是負利率！而且提前解約，還要扣你解約金。**

　　如果距離退休還有10年以上，可以累積的期間還很長，選定穩健的投資工具，長期投資虧錢的機率非常低，獲利的機率非常高，用低報酬率的年金來理財，實在是太可惜。

2 投資型年金（變額年金）：收費高、績效不佳很常見

　　我自己在退休前因為服務於金融業，自產自銷，也有投保，但這種保單的收費比較高，吃掉累積中的退休金，在退休後已經解約到剩

下績效不好看、但是有身故給付的兩張還留著。其實，我這樣也犯了機會成本的問題。

在來問我投資虧錢怎麼辦的網友中，投資型保單蠻常見的，==建議保險歸保險、投資歸投資==。

除了美國政府債券，其他債券可以買嗎？

除了美國政府公債，也有不少人會投資公司債，像是借錢給蘋果、微軟等，以標準普爾（Standard & Poor's）的信用評等來說，BBB- 到 AAA 之間都屬於投資等級，雖然這些公司債券評等僅次於政府公債，但在普福教授的書中，並沒有把這類投資等級公司債納入「安全第一」的資產選擇裡。

因為這類債券遇上不景氣時，也可能大幅跌價。再說，在臺灣買公司債直債的問題和前面提到的美國公債直債一樣，費用不低。

《投資金律（新版）》（*The Four Pillars of Investing, Second Edition: Lessons for Building a Winning Portfolio*）的作者威廉·伯恩斯坦（William J. Bernstein），提到自己在 2008 年金融海嘯時期的經驗。

當時他以為諸如嬌生、寶鹼這類優質公司還可以繼續保有 100% 的面值，但是當他不得不以虧本的價格賣掉手中的債券時，才意識到「世上最令人不安的感受之一，就是當你意識到你原本以為的錢不是錢時」。

第 2 章
退休現金流（1）：追求安全第一的勞保和勞退

嫻人的理財摘要

- 夠長的年資下，勞保和勞退月退應該有機會組合出基本生活所需的退休後現金流，**即期年金和投資美國政府公債（持有到期）亦可以輔助配置**，不過等退休時再進行即可，不需要提前大幅度佈局。
- 利變年金和投資型年金並非理想的退休金累積工具。
- 一般小資族應該是以美國政府公債為主，避免持有個別的投資等級公司債。

現金是必須的氧氣，但不是安全的現金流

現金聽起來很俗氣，卻又是很重要，連美國股神巴菲特都說「現金像氧氣（Cash is like oxygen.）」。氧氣透明無味，可是缺氧就會掛掉了。要做好面對投資理財的大風大浪，氧氣筒要拿好。

還記得一開始朋友辦公室裡面那位又想投資、但又怕虧錢、即將退休的同事？聽起來，他就是極度害怕缺氧。

巴菲特股神需要的氧氣，是用來避免投資的錢轉來滾去的時候有閃失，不是完全不投資而靠定存。一般人如果太害怕缺氧，靠定存可以過生活嗎？我這就來模擬一下。

別傻了！真的不要靠定存過退休生活！

假設已經有勞保、公保等，一個月再多 1 萬元的部分用定存來補

第 2 章
退休現金流（1）：追求安全第一的勞保和勞退

足基本生活費，這樣行得通嗎？

- **定存利率**：2024 年 6 月，臺灣銀行一年期定期儲蓄存款固定利率是 1.725%，一年後這個利率可能就變動了，但這邊假設退休後一直保持這個水準沒有改變。

- **每月多花 1 萬元需要的退休金**：這邊我假設和上一節表 6 中「即期年金保單」的條件一致，方便比較，都是準備 200 萬元，然後每年花費 12 萬元，等於自己配息給自己 6%。

- **通貨膨脹率**：由於「即期年金」和「持有美國政府公債到期」2 種方式，都沒有隨通貨膨脹調高給付的機制，在定存的模式下也假設生活費都保持固定，每年也沒有調高生活費。

我把 65 歲之後每一年的生活費、扣掉生活費之後可以放在定存的退休金、還有這樣可以產生的定存利息、以及每一年末剩下多少退休金列在表 7；如果 65 歲退休，到了 85 歲，你的退休金還夠用嗎？

看到表 7 就可以知道，這一筆 200 萬元的退休金，沒有辦法撐過上一節即期年金的段落中提到的 20 年「保證期間」結束的 85 歲，而會在 84 歲那一年就用光了。

雖然靠定存來支撐退休後的現金流，和表 6 中的「勞退月退」和「即期年金」比起來相差不多，不過，定存利率是會隨利率環境上上下下的。

定存在升息的時候可以拿到比較好的條件，不像即期年金、持有美國政府公債到期那樣，有利率上升時無法跟進的風險。**但是萬一定存利率下滑，也就會更提早讓退休金用光**，在 2021 年到 2022 年之間

【表7】只靠定存，每個月多1萬元生活費可行嗎？（NO！）

年度	年齡	定存利率(1)	年初退休金餘額(2)	年初一次提領生活費6%(3)	年度末可定存之退休金(4)=(2)-(3)	定存利息(5)=(4)*(1)	年末退休金餘額(6)=(4)+(5)
1	66	1.725%	2,000,000	120,000	1,880,000	32,430	1,912,430
2	67	1.725%	1,912,430	120,000	1,792,430	30,919	1,823,349
3	68	1.725%	1,823,349	120,000	1,703,349	29,383	1,732,732
6	71	1.725%	1,546,781	120,000	1,426,781	24,612	1,451,393
11	76	1.725%	1,053,101	120,000	933,101	16,096	949,196
16	81	1.725%	515,345	120,000	395,345	6,820	402,165
19	84	1.725%	169,913	120,000	49,913	861	50,774
20	85	1.725%	50,774	120,000	(69,226)	(1,194)	(70,420)

退休後不到20年，只靠定存、這筆生活費就會花光！

有段時間定存利率還不到1%。我父親在90歲離世時，就是在這個區間，他的理財方式就是定存；父親離開的時候，存款戶頭真的是只剩30萬元可以辦後事。

這也是為什麼在普福博士所謂「安全第一」的資產建議中，提到

第 2 章
退休現金流（1）：追求安全第一的勞保和勞退

的是「即期年金」和「持有美國政府公債到期」，而沒有提到定存的原因。

另外，定存雖然具有彈性，不像勞退月退、即期年金會把錢鎖住不能動彈，不過，也容易因此不小心花掉。

現金的 3 大功用，還是得準備在身邊

1 緊急預備金：手上有錢，心裡不慌

雖然定存不是很好的退休後現金流來源，但是現金真的是氧氣，退休後投資失利沒了現金、而甚至需要賣掉房子才有錢用的例子都曾聽聞。那麼，手上要有多少現金呢？

● **退休金累積階段**：因為有工作收入，**6 個月生活費的緊急預備金就可以了**。不過隨著年紀增長，工作的不確定性增加，可以考慮多保留一些。

例如我有一位朋友的朋友，沒有想到順利的工作會在 50 歲突然中斷，之前為了強迫儲蓄，把錢都投在購買出租房，雖然有租金收入，但是也要付房貸，手邊沒有多少現金，一下子很恐慌想直接賣掉房子，但是房子還沒買多久，得被課很重的稅。

● **退休後提領期**：如果已經佈置好社會保險、年金、美國公債等安全的固定現金流來源，就可以不需要因為擔心投資的風險而保留太多現金。不過，這也會依個人主觀心理面可以接受風險的程度而定，

==一般建議保留 2 年到 5 年的生活費。==

2 穩定投資績效的氧氣：為了最壞的狀況作打算

股神巴菲特在 2023 年 9 月底時，帳上有相當於他公司市值 20% 的現金和類似現金的短期國庫券，保持類現金是巴菲特長期以來的習慣。生意人沒有保持現金的話，有時明天就玩不下去了，就像如果有幾分鐘缺氧，一切都會結束了。

雖然一般人不是生意人，不過也是有需要特別注意現金部位保留的時間點，像是退休後的前 10 年，如果遇上比較長的熊市導致投資下跌，也就是所謂的「報酬順序風險（sequence-of-returns risk）」，有可能讓退休金縮水很久、無法恢復，這時候保留比一般情況多一些的現金，就是值得考慮的事。

沒有標準答案，因人而異。也許可以以巴菲特為標準，往下在 5% 到 20% 現金部位中決定。

3 產生安全感的「奢侈品」：損失了獲利機會，但保有心理的餘裕

說到這裡，吐槽自己一下。在我意外退休時，已經有 25 年的投資經驗，並不是初學者，但是，後來翻到以前的資產紀錄才發現，以前上班時因為工作很忙，就是個習慣性現金比例很高的「盤子」，把錢放著、沒讓錢好好為我工作。

因為沒有養成大部分的錢放入投資的習慣，也是讓我在退休後還

第 2 章
退休現金流（1）：追求安全第一的勞保和勞退

對現金很依賴的原因。當看到晨星的個人理財總監克莉絲汀・賓士也有這種問題時，讓我感到安慰不少；她說，明知現金太多是機會成本，但也許那就像是她的名牌包、奢侈品。

雖然損失了許多年賺取複利、讓退休生活更好的機會，不過，這也讓我後來很能體會，為什麼有些讀者朋友開始要把錢從存款移到投資中時會如此焦慮。

對於現金的依賴雖然是惰性，但也是安全感，有現金作後盾，讓退休後金錢焦慮的我，透過定期定額、或是不定期不定額，還是能逐步建構好資產配置。

猶豫不決、等待時機所產生的機會成本

雖然現金令人安心，但持有現金仍然要注意機會成本。不少讀者曾跟我說，現在市場正在跌，要等明年初跌完再開始買；或是現在市場很高點，先贖回放現金，等跌下來再來買。

美國晨星的專欄作家艾美・阿諾特（Amy C. Arnott, CFA），在一篇文章中提到幾個不是持有現金的合理原因，**像是：聽到壞消息，覺得市場還會再跌，再等等。／擔心投資在市場高點，再等等。**

這些就是擇時（timing），是長期投資應該避免的事。

印象最深刻的是 2022 年的熊市，到了 10 月 0050 跌到 100 元以下的時候，有不少人覺得氣氛很悲觀，認為還會再跌，等 2023 年第 1 季再來投資，但後來 2023 年第 1 季是一路上漲，再也沒有看到 100

元的價格。

因為猜測而等待、持有現金，是要付出機會成本的。如果等待，2022年10月底到2024年6月底，0050含息累積報酬是99.7%，這就是等待的機會成本！

雖然我有惰性，不過也不是完全不作為。我的0050/006208和全球股票的VT都從2022年初的高點開始定期定額，扣過歷史高點，也完整經過2022年的熊市，扣過低點，截至2024年6月底，分別有57%和21%的累積含息報酬，雖不是最好，但是也沒有完全付出機會成本！

嗯，好，我知道，這是自我合理化，自我安慰啦……

到2024年6月的高點，有不少人居安思危是好事，但是市場著實難以猜測，保持足夠的緊急預備金，萬一市場果真暴跌，持續定期定額投資，正是撿便宜的大好時機。

嫻人的理財摘要

- 定存不是安全的退休後現金流，但現金像氧氣，保留足夠緊急預備金之後再投資。
- 安全感可以讓人有底氣，但也能讓人付出機會成本。不猜測市場、定期定額，就是個兼顧安全感、也降低機會成本的好方式。
- 練膽量要趁早！及早養成穩健理財的習慣！

第 3 章

退休現金流（2）：
把握機運！
分散風險的投資工具

不踩雷、不失手的理財經驗分享

說完了安全第一的退休後資產之後，來進入讓許多人著迷、但也有許多人敬而遠之的「機運型」投資。

前一章提到的年金是很安全，可是對抗不了通貨膨脹風險；而公債在扣掉通貨膨脹之後，收益率其實非常有限。這些是退休後想到「一定不能出錯」的現金流時可以考慮的選項，但是，**如果你現在距離退休還有段時間，該重視的應該是參與股票市場的成長。**

股票是「機運型」的投資工具，有的人從投資股票賺大錢，有的人卻在股市摔得鼻青臉腫、一輩子都不想再聽到有人討論「投資」兩個字。說「機運型」或是「機率型」，意思是股票的投資是沒有保證賺錢的，要得到股票比較高的獲利，就要相對能夠承擔風險。

雖然股市短期間像雲霄飛車，但是長期來說還是會隨著經濟發展成長，如果可以不要做短期進出的高風險交易，而是長期投資，有很

第 3 章
退休現金流（2）：把握機運！分散風險的投資工具

大的機會可以讓退休生活更幸福美好！我使用過長期投資股市的方式有以下這4種：

（1）直接投資股票／（2）投資共同基金／（3）投資大盤指數的指數化投資（ETF或是基金）／（4）投資高股息ETF。

接下來就跟大家分享，我從研究所的所學、金融業的經驗，再加上個人30年間的投資經驗，我是怎麼「蛇行」改變自己的理財路線，以及在被退休後處在金錢焦慮中、真槍實彈退休理財的心得重點。

如果連專為富人服務的
知名避險基金經理人,
長期都無法打敗大盤指數,
為什麼我們覺得自己行?

2024 年 4 月　嫻人攝於英國愛丁堡

第 **3** 章

退休現金流（2）：把握機運！分散風險的投資工具

投資了 25 年的基金，
阿姊不賭了！

我從開始工作就定期定額投資基金，用挑選基金的「四四三三法則」到基金理財網站上去挑選績效短、中、長期都排名在前面的績優生，也會留意雜誌報導的得獎基金。

基金的斷捨離：
慎重挑選、遵守紀律，但報酬普普

在剛退休的時候，經過清點，發現手上竟然有高達 39 檔基金！

有些是停扣了但是沒賣掉，從全球股票型基金、美國、日本、歐亞洲、拉丁美洲、新興歐洲、健康醫療、新興市場債、高收益債（後來金管會要求改名為「非投資等級債」），配置的很齊全。

當時是採用停利停損的方式「紀律執行」，賺 20% 就拿了錢跑路，虧 10% 就高規格停損處理。**手上的基金經過連年停利的收割，剩下**

85

的帳面報酬率只是普普，包括那些所謂「得獎基金」，後來我才發現，它們該得的是「最佳金酸莓獎」。

抱歉我對基金公司如此不友善，但這是作為消費者的真實感受，看到市場在漲，而我的基金沒有動靜，退休後的我真的會很計較啊！

而且，到 2017 年底退休後我盤點資產，才發現認購集團的股票，短短兩三年含息報酬率超過 40% 以上，以前我哪有看過這種場面，食髓知味，於是開始買股票。

只是對於習慣了的投資，想要斷捨離卻也很難立刻採取行動。到了 2020 年 1 月，聽到 COVID-19 快要爆開來，那是農曆過年之前，實在沒信心抱著這些金酸莓基金過年，於是在風雨欲來的氣氛下，讓我有了下決定的動力，全部賣光光。

10 年實證！指數化投資打敗各種五花八門的基金

2022 年 10 月，我在第一本書的新書分享會簡報時，就分享過這批基金的現況。我也想知道，在甩掉它們之後，它們怎麼了？不是最怕分手之後，結果人家活得好好的、反而行情變俏嗎？

我用來和這批基金比較的是接近各個市場的平均值的「指數化投資」，看看我的這些基金表現比起市場平均的表現是如何。《投資金律》、《約翰柏格投資常識》（*The Little Book of Common Sense Investing：The Only Way to Guarantee Your Fair Share of Stock Market*

第 **3** 章
退休現金流（2）：把握機運！分散風險的投資工具

Returns〔10th Anniversary Edition, Updated & Revised〕）這些經典的理財書都說過，共同基金短期可能打敗大盤指數，但是長期保持相當困難。是不是這樣呢？

1 全球股票型基金：拉長到 10 年來看，都輸給指數化投資

我習慣分散投資，我主要投資的全球股票型基金也分散買，有股息型、前瞻成長型、價值型、優化波動型也有「動力火車」型。

比較對象是代表全球市場平均的先鋒（Vanguard）全球股票型 ETF VT，在 2024 年 6 月底的時間點，分散全球、被動投資、不選股、通通買進來，共 9,840 支股票，費用率只要 0.07%，而不是像一般主動選股的股票型基金需要的 1.5%。

請看表 8，付高額的管理費讓基金公司幫忙主動操作，績效有比較好嗎？表中標示有底色區塊的資料欄位，就表示這些基金在這個區間的績效優於不選股、被動投資的 VT。

在我個人的投資小宇宙裡，也可以觀察到和經典書中所說的一樣，短期內 3、5 年能打敗指數化投資的基金經理人會有，但是隨著時間拉長，困難度愈來愈高。拉長看到 10 年報酬，10 檔我精挑細選的基金，沒有 1 檔贏過低成本、不選股的被動投資 VT。

這些我當年精選的基金，不管它的名字叫永續、前瞻、優化波動都一樣，長期都輸給不選股的指數化投資！可是我要過了很多年之後才會知道，沒有辦法事前預料！就這樣，我付出了機會成本。

【表8】全球股票型的共同基金與指數化投資報酬率比較

編號	基金名稱	報酬率 (%) 2024.6.30 回測 3 年	5 年	10 年
【投資基金】					
1	摩根投資基金 - 環球股息基金 A 股	27.96%	78.7%	N/A
2	聯博 - 優化波動股票基金 A 級別美元	24.25%	54.38%	125.29%
3	貝萊德環球前瞻股票基金 A2 美元	4.01%	61.67%	122.82%
4	貝萊德環球動力股票基金 A2 美元	8.47%	66.88%	106.96%
5	百達 -Quest 全球永續股票 -R 美元月配息	18.11%	51.25%	N/A
6	富達基金 - 世界基金	8.87%	56.59%	N/A
7	富達基金 - 全球入息基金	9.44%	36.77%	77.36%
8	DWS 投資全球高股息基金 (美元避險)USD	17.83%	31.16%	73.33%
9	聯博 - 全球價值型基金 A 級別美元	6.28%	39.99%	52.72%
10	施羅德環球基金系列 - 環球收益股票	3.17%	20.47%	43.43%
	平均	12.84%	49.79%	85.99%
【指數化投資】					
1	先鋒全球股票型 ETF VT	15.63%	66.41%	126.01%

※ 有底色的欄位代表該數值超越指數化投資
※ 資料來源：MoneyDJ 理財網

2 美國基金：從 3 年到 10 年，全都慘輸指數化！

我的美國基金只有精選兩檔，用來比較的對象是代表美國市場平

第 **3** 章
退休現金流（2）：把握機運！分散風險的投資工具

均的先鋒整體股市 ETF VTI，在 2024 年 6 月底的時間點，被動投資、不選股、通通買進來美國共 3,674 支股票，費用率只要 0.03%。

請看表 9，我精選的兩檔美國基金在選定的區間都沒有贏過低成本、不選股、被動投資的 VTI。

【表9】美國股票的共同基金與指數化投資報酬率比較

編號	報酬率（%）2024.6.30 回測	3 年	5 年	10 年
【投資基金】				
1	富達基金 - 美國基金	18.90%	44.90%	95.56%
2	普徠世美國小型公司股票基金 A 級別	-0.50%	56.72%	153.52%
	平均	9.2%	50.81%	124.54%
【指數化投資】				
1	先鋒整體股市 ETF VTI（美國）	25.24%	92.33%	212.36%

※ 資料來源：MoneyDJ 理財網

3 健康醫療產業型股票基金：期間一度滿意停利，但 10 年績效還是趕不上

健康醫療的生技股，是我停利過好幾次的類別，感覺滿意，不過退休後一看，投資這些產業型基金也是一樣，不如投資先鋒健康照護類股 ETF VHT 這種指數型基金（見表 10）。

89

【表10】健康醫療產業型共同基金與指數化投資報酬率比較

編號	報酬率（%）2024.6.30 回測	3 年	5 年	10 年
【投資基金】				
1	聯博國際醫療基金 A 級別美元	17.36%	70.33%	162.26%
2	貝萊德世界健康科學基金 A2 美元	11.84%	57.23%	139.25%
	平均	14.60%	63.78%	150.76%
【指數化投資】				
1	先鋒健康照護類股 ETF VHT	11.59%	63.15%	173.85%

※ 有底色的欄位代表該數值超越指數化投資
※ 資料來源：MoneyDJ 理財網

4 非投資等級債（高收益債）：配息很美好，但總報酬率低

很多人喜歡超高配息的高收益債，後來金管會已經要求改名為「非投資等級債」，和上一章提到的像蘋果、賓士、微軟等「投資等級公司債」不同，也就是信用評等比較差的「垃圾債」，因為信用評等不好，所以要付高利息才能借到錢，以前我也有投資一些。

其實對一般人的退休規劃來說，是不需要投資這樣的基金，這些基金配息常常高達 8%、甚至超過 10%，看起來很不錯，但是配息常常來自本金。

「總報酬＝價格增減的幅度＋配息」，從表 11 可以看到，這種債

第 3 章
退休現金流（2）：把握機運！分散風險的投資工具

券的總報酬率很低，10 年不到 30%，真的就只比定存好一點；可是當股災來的時候，第一批倒下的可能就是這些信用評等不佳的公司。我當年投資的兩支高收益債基金，績效也是都不如投資指數化的 iShares iBoxx 非投資等級公司債券 ETF HYG。

【表 11】非投資等級債共同基金與指數化投資報酬率比較

編號	報酬率（%）2024.6.30 回測	3 年	5 年	10 年
【投資基金】					
1	霸菱成熟及新興市場非投資等級債券基金－G 類美元月配息型	-2.16%	12.55%	26.15%
2	聯博－全球非投資等級債券基金 AT 級別美元	0.92%	10.09%	26.31%
	平均	-0.62%	11.32%	26.23%
【指數化投資】					
1	iShares iBoxx 非投資等級公司債券 ETF HYG	2.34%	13.71%	35.74%

※ 資料來源：MoneyDJ 理財網

去年績效好,但今年可不一定!

看起來無害的朋友,翻臉時卻傷人最深,對我來說選基金不比選股票簡單。

我在 2017 年退休時,差一點投資當時美國基金中的超級明星「摩根士丹利美國增長基金」,當年它可是打遍天下無敵手,但是它在 2021 年底從高點以遠超過大盤指數的速度重力加速度跌下來。

我在 2022 年底出版的第一本書中提到它,過了 1 年多、到了 2024 年的 6 月底,市場整體又再創新高,但是這支基金的 3 年總報酬率還是 - 48%(2024.6.30 更新,見表 12)。

在《投資金律》(新版)書中引述《華爾街日報》的喬納森・克雷蒙的一句說法,非常有趣,「**我持有去年績效最好的基金。問題是,我是在今年買它的**」,還好當年我沒有買去年績效最好的基金。

【表 12】在 2017 年差點投資的美股明星基金,表現極為普通

報酬率(%) 2024.6.30 回測	3 年	5 年	10 年
【投資基金】			
摩根士丹利美國增長基金(美元)	-48.04%	20.95%	154.32%
【指數化投資】			
先鋒整體股市 ETF VTI(美國)	25.24%	92.33%	212.36%

※ 資料來源:MoneyDJ 理財網

第 **3** 章
退休現金流（2）：把握機運！分散風險的投資工具

有人會用這種短期績效很差的基金來低點買入，賭基金經理人一定會翻身，也果然亮帳單說賺很多，但這不只是「機運型」的投資，賭一把的意味很重。

0050 和 0056，都還不算獲利最多的大哥級

媒體上有報導，有很多台股基金績效非常棒，台股的市場和美股市場不一樣，很多基金都可以打敗大盤。

我到 MoneyDJ 理財網去看，2024 年 6 月 30 日搜尋「國內股票開放型一般股票型」，有 10 年歷史報酬的基金共有 72 檔，資料整理如下——

第 1 名是安聯臺灣智慧基金，10 年累積報酬率高達 688.23%，同期的元大臺灣 50（0050）只有 297.88%，如果把它塞進去和一般基金排名，會排在第 20 名，屬於中等以上，符合指數化投資的原則，低成本取得市場平均。

而元大高股息（0056）報酬率 198.68％，排名會是 49 名，屬於偏後段班。

所以吵 0050 好還是 0056 好？其實兩位都不是大哥。

我好奇查詢了一下，真正的大哥都投資什麼？結果發現從第 1 名的安聯臺灣智慧基金、第 2 名的安聯大壩基金、到第 3 名的統一臺灣動力基金和第 4 名的統一黑馬基金，在 2024 年 4 月查詢時，第一大持股都是世芯-KY（3661）這檔股票。

世芯在 2022 年 10 月底的熊市期間股價才 626 元，不到兩年漲了 4、5 倍！據 2024 年 2 月報載，「目標價調高至 6,000 元，潛在上漲空間達 50%」。

但是這檔股票從 2024 年 3 月初約 4,500 元的瘋狂高點，下跌到 2024 年 6 月底的 2,455 元。這段時間有不少這樣瘋狂的股票，記錄下來，過幾年再來看，是不是這些基金還會跟著繼續瘋狂漲上去。

10 年長期打敗大盤的確不容易，不過我自己並沒有選擇投資到台股基金中挖寶，還是在於差一點投資到摩根士丹利美國增長基金的經驗，畢竟我的心臟不大顆。

要拿退休金，賭一個 10 年的賭局嗎？

在作者序中，我提到 2007 年股神巴菲特下了一個賭注，他有把握未來 10 年，簡單的標普 500 指數基金就可以贏過避險基金精挑細選的基金組合，避險基金經理人泰德‧塞德斯（Ted Seides）接受了這個挑戰。

2017 年答案揭曉，巴菲特的標普 500 指數基金在這 10 年的年化報酬率是 7.1%，而避險基金經理人精挑細選和操作的 5 個基金組合平均報酬率，僅 2.2%。後來，巴菲特把贏來的賭金捐給了公益團體。

流行的停利停損、或是母子基金的操作，會比專業的避險基金基金經理人績效更好嗎？如果連專為富人服務的知名避險基金經理人，長期都無法打敗大盤指數，為什麼我們覺得自己行？

第 **3** 章
退休現金流（2）：把握機運！分散風險的投資工具

也許有人很厲害，但是阿姊已經 55 歲，再賭個 10 年就是 65 歲，阿姊不賭了。

嫻人的理財摘要

- 《投資最重要的事》（*The Most Important Thing Illuminated: Uncommon Sense for the Thoughtful Investor*）的作者霍華・馬克思（Howard Marks）說：「**只有能夠給你比市場平均更好的績效的操盤手才值得付費給他，但是這種高手很少。**」我以前投資的那些基金當中，也沒有值得付錢給他的高手。但是，我卻花了 20 幾年才發現！
- 基金平台經常提供零手續費優惠，所以有些朋友以為投資基金不用成本了，可是如果這樣，那基金經理人的薪水從哪裡來？還是有從淨值內扣的經理費。也還要注意有些通路會推「後收型基金」，現在申購時不收手續費，但是前幾年要贖回的話就會收取類似解約費用。
- 你的基金值不值得付高額的基金管理費？可以去基金理財網網站查訊績效比較看看。
- 參考巴菲特的 10 年賭局，決定你是不是也要賭賭看？阿姊不賭了。

解除金錢焦慮的「存股」，到底行不行？

意外投資個股，回頭發現卻驚喜

　　我退休前唯一投資的股票，是集團增資時大家得要展現向心力才買的，正好遇到那一年股票市場低迷，等我們要繳股款時，市價跌到增資認購價以下，等於我們用比較貴的價格認購了。

　　有些同事對這種半強迫的「向心力」要求很不以為然，礙於飯碗買下後，早早就出脫了。而我因為工作忙，就一直擱著，直到過了兩三年意外退休後清點財務，才發現那人生第一次的股票投資，含配息的報酬率有 40% 以上。

　　以前持有基金時，都是設定固定的損益停利停損，沒看過長期投資可以有這樣高的報酬率！再加上退休後想起來，我公公之所以沒有跟孩子拿生活費，就是因為他退休前持續有買任職工廠的股票，並且長期持有幾十年。

第 3 章

退休現金流（2）：把握機運！分散風險的投資工具

意外退休後頓失收入的我，看了第一筆半被強迫的股票投資持有幾年後，績效竟然不錯，對於股票投資的想法也改變了。雖然已經逐漸轉向指數化投資，但是在寫這本書的時候，我還持有剛退休時投資的 16 檔個股。

初期的兩大選股標準：穩定和價差

1 穩定領股息：希望能有每個月領薪水的感覺

剛退休的時候，因為想要有薪水的感覺，首要目標是「穩定領股息」。

為了不要在退休後踩到地雷股，我主要在市值前 50 大的公司、還有官股概念的公司中挑選投資標的，現在電腦裡面還有當時研究個股財報的 Excel 檔案，營業額、流動資產、流動負債、毛利率、本益比等等，研究了很多數字。但因為限縮範圍，所以選出來也只是像是兆豐金（2886）、鴻海（2317）、統一（1216）和合庫金（5880）等等已經很多人投資的股票。（詐騙集團說我會報飆股的明牌，實在是太胡扯了！）

我的可取之處是長期投資，所以幾乎都是我在剛退休不久的 2018 年買進，持有到寫這本書的 2024 年，雖然不算久，但是至少退休後只有淘汰掉思考不周下買入的個股，剩下的股票都是我想長期持有的，買入後就沒有進進出出，因此在 2024 年 6 月，有幸看到漲了 70%～80% 以上的兆豐金、合庫金和華南金（2880），也看到終於

漲到超過 100% 的鴻海。

當然也有一直起不來的投資,像是國泰金(2882),不過我也是對它不離不棄。

2 退休族的價差小確幸:鎖定不雷的大型股,小錢進出怡情

剛退休的時候時間很多,我的次要目標是鎖定幾檔個股也做價差,範圍還是設定在不至於踩到地雷的大型、但又沒有在長期持有計畫中的股票,像是遠傳(4904)、台企銀(2834)、中信金(2891),都有賺到 30% 以上價差的記錄,主要是看年線、三年線、十年線在低點買入。

我的心得是,賺價差小小的怡情可以,但是搬著比較大額的錢進進出出市場,我下不了手,所以也只是賺小錢。隨著後來父母生病、疫情解放後想去旅行、還有部落格也開始有寫書、演講的機會,漸漸地沒有時間或興趣做這件事了。

可以參考、但請別照抄這份存股清單!

去演講的時候,如果時間夠多,我也會分享一點個股存股的經驗,不過這並非要表現出自己比較有學問,而是藉此說明我為什麼後來漸漸從個股投資轉出的原因。

第 3 章
退休現金流（2）：把握機運！分散風險的投資工具

評估 1　績效有比追蹤大盤指數的 ETF 好嗎？

根據集保結算所資料，我整理了 2023 年上班族及家庭主婦的熱門持股，分別從 2021 年、2022 年底到 2024 年 6 月底的報酬率資料（表13）。

【表 13】2023 年上班族及家庭主婦熱門持股投資報酬率
（2021 年底至 2024 年 6 月）

	股票名稱		投資報酬率 (%)
大盤	0050	元大台灣 50	39.27
個股持股前 6 大	2330	台積電	65.27
	2002	中國鋼鐵	-24.78
	2317	鴻海	126.66
	2883	開發金	-7.18
	2303	聯電	-2.18
	2884	玉山金	17.19

※ 資料來源：（1）持股排行：集保結算所官網。（2）0050 投資報酬率來自美國晨星，為含息報酬率。（3）個股投資報酬率來自台灣證交所，亦為含息報酬率。

要先聲明，比較短期間 2 年多的報酬率意義並不是太大，報酬率至少應該看 10 年以上，但是受限於證交所僅提供區間的資料，我們就暫且象徵性地觀察看看。

上班族及家庭主婦喜愛的存股中，僅有台積電和鴻海的表現優於

0050，並且鴻海長期股價成長落後大盤，是集中於 2024 年 3 月後才飆漲上去的。

其他個別股票從 2021 年底的高點下跌後，包括中鋼、開發金和聯電，報酬率甚至還是負的，並沒有跟上 2023 年起市場恢復的大牛市。在玉山金火紅的時候，不少人認為投資一檔玉山金就好了，但其實也落後於大盤。

而只持有看起來績效最好的台積電呢？又有集中單一股票的風險，在 2022 年的熊市中數十萬人套在台積電，怕是還沒等台積電後來在 2024 年 7 月漲成千元股，就先賣在低點認了賠。

評估 2 現階段的理財目標是什麼？

還記得在第 1 章提到投資最重要的 3 個決定中，第一個是「設定合理的短、中、長期理財目標」嗎？**49 歲剛退休時因為突然失去收入，「穩定的股息」是我的首要目標**。當然股息令人安心，但是股息也不是確定的，我在 2023 年領到的股息只有 2022 年的 70%。

比較好的安排，是必要生活費透過勞保、勞退、年金和持有公債到期來支應，而剩下可以投資的資金，就要注重資產的成長性，這對小資族特別重要。

2021 年底因為定期定額和複委託的機制更成熟，我開始定期定額投資 0050/006208，以及全球股票的 VT，讓我的股票組合逐漸朝向成長性的目標邁進。

第 3 章

退休現金流（2）：把握機運！分散風險的投資工具

不希望我的分享，製造更多受傷的股市小白兔

有幾次我分享個股投資的時候，就會有人拿起手機拍照，我會馬上說：「是可以拍啊，可是請等我說完——我是要說『別跟我一樣投資個股』啊！」

以為現在 ETF 很風行，應該很少人在個股受傷了？其實並沒有。有次因為接受了媒體採訪，有機會和一位不到 30 歲的年輕女生聊到投資，她說因為 2022 年投資台積電虧損，之後就把錢放定存，不敢再投資了。

很可惜，她沒有繼續持有台積電，到了 2024 年 7 月中，台積電已經成為千元股了！而 2021 年讓人跌跤的則是航運股。那次我有跟那女生說，買 0050 和 006208 並且長期持有就好了——希望她有聽進去。

大部分人投資股票，都是無照駕駛

個股投資很容易讓人陷入聽明牌的陷阱，也讓詐騙有機可乘。

大多數人投資股票是看名嘴、網紅怎麼說，很少人會花時間去研究。投資達人最常用的是本益比，本益比＝每股股價／每股稅後盈餘，這代表如果一家公司每股賺 1 元，你願意花多少倍去買它？很常會聽到適合的買點是本益比在 12 倍，或是 15 倍以下，因為超過就表示買貴了。這看起來很容易，因為很多網站會公告歷史數字，像是兆豐金在 2024 年 6 月 30 日這天查詢是 17.12 倍，看起來是有點小貴。

但真的這樣簡單就可以了嗎？麥格羅希爾（McGraw Hill）教育

出版社所出的《投資學》（*Essentials of Investments*）中提到，本益比的算法看似很簡單，但實際運作上並不容易；原因在於預測盈餘極具挑戰性，國際環境、總體經濟、產業變化及公司特有因素，都會影響一家公司的盈餘，有些項目難以正確預估。

更別說投資學裡還有提到用高登（或戈登）模型（Gordon model）來評價股價，應該沒幾個人聽過這是什麼吧？不知道這些就開始投資個股，想起來就像無照駕駛一樣。

分析師的話，也不能照單全收！

下面這段話是我從 2018 年一篇媒體報導上節錄下來的，有關存股族最愛之一的鴻海股價預測──

「過去鴻海一度是外資的最愛，券商麥格里在 2017 年更把鴻海形容是『未來世界的整合者』，給予鴻海目標價 200 元的目標價」，後來經過一次減資之後 200 元也沒有發生，而是直到了 2024 年，由於股市飆漲，鴻海的股價到 2024 年 6 月才終於破 200 元，而在這之前，很多人等到解套，或終於天降甘霖小賺一點，早早就下車了。

如果有時間去找幾支股票以前媒體怎麼報導，一定可以找到很多這種根本沒有成真、或是等了很多年才實現的預言。

第 3 章
退休現金流（2）：把握機運！分散風險的投資工具

最受歡迎的金融股，別全部單押

「可以投資金融股嗎？」這也是我好幾次被問到的問題。

金管會在 2023 年公布系統性重要銀行（D-SIBs）名單，6 家銀行分別為中信銀、台北富邦銀行、國泰世華銀行、合庫銀、兆豐銀及第一銀行。金管會都說大到不能倒了，當然是可以投資。

不過，**金融業也屬於景氣循環股，受利率和景氣影響比較大。**即便是大到不能倒的銀行，也不是說股利就保證能發飽發滿，因為 2022 年股債都跌，到了 2023 年針對 2022 年的盈餘發股利的時候，這些金融機構的股利都出現明顯衰退的現象，即便是人氣王兆豐金的股利也衰退了 20%。（請見表 14）

【表 14】6 家「大到不能倒」的銀行所屬金控公司 2022~2023 年每股股利

金控	每股股利（含現金股利及股票股利） 2022	2023	變動 %	平均股價 2022	2023	變動 %
中信金	1.25	1	-20%	24.7	24.3	-2%
富邦金	4	2	-50%	63.2	61	-3%
國泰金	3.5	0.9	-74%	51	44.2	-13%
合庫金	1.3	1	-23%	26.9	26.8	0%
兆豐金	1.65	1.32	-20%	35.6	36.2	2%
第一金	1.2	1.1	-8%	26.2	27.1	3%

※ 資料來源：Goodinfo！台灣股市資訊網

有錢人投資來交朋友都好，但是如果資金比較有限，配息是要來支付生活費的，遇到 2023 年配息減少、通膨又嚴重的狀況，那一年的日子可能會感覺有點難過，這是只集中某一個產業的股票會有的問題。

從表 15 中可以看到，2024 年 6 月用 ETF 定期定額小額投資的人數前 10 大，已經超過個股定期定額前 10 大的人數；對於小資來說，ETF 是更能分散風險的投資方式。

【表 15】2024 年 6 月定期定額交易戶數統計排行月報表

排行	股票 代號	名稱	交易戶數	ETF 代號	名稱	交易戶數
1	2330	台積電	87,827	00878	國泰永續高股息	281,712
2	2886	兆豐金	33,314	0056	元大高股息	258,728
3	2884	玉山金	29,280	0050	元大台灣 50	241,735
4	5880	合庫金	17,794	006208	富邦台 50	173,144
5	2892	第一金	17,131	00919	群益台灣精選高息	116,664
6	2412	中華電	14,517	00713	元大台灣高息低波	87,842
7	2317	鴻海	13,837	00929	復華台灣科技優息	74,886
8	2891	中信金	13,209	00692	富邦公司治理	35,808
9	2887	台新金	13,024	00881	國泰台灣 5G+	26,161
10	2881	富邦金	11,870	00850	元大臺灣 ESG 永續	25,869

※ 資料來源：臺灣證券交易所

第 3 章
退休現金流（2）：把握機運！分散風險的投資工具

嫻人的理財摘要

- 個股投資到底行不行？像我一樣傾向選擇比較保守的股票，是有可能安穩投資，但是代價是失去參與大盤更好的成長機會。雖然感覺安心，但在高通膨的環境下，還是需要警惕。
- 配息不是固定的，但是要斷捨離的時候，又會需要克服惰性和慣性。
- 檢視自己的投資報酬率有沒有比 0050 / 006208 好？有沒有集中某個產業？風險分散性是不是有考慮？

投入前，先了解高股息 ETF 的 6 個事實

在前面的表 15，提到 ETF 定期定額扣款人數持續增加的現象。在前 10 大定期定額 ETF 當中，又分為 3 種類型：（1）跟蹤大盤的市值型指數化投資，（2）高股息 ETF，（3）主題式 ETF。

而當中最耀眼的，則非高股息 ETF 莫屬。2024 年 6 月定期定額投資前 10 大 ETF 當中，高股息 ETF 霸榜，包括 00878（國泰永續高股息）、0056、00919（群益臺灣精選高息）、00713（元大臺灣高息低波）、00929（復華臺灣科技優息）。

這個排名僅參考即可，估計變動會很快速，因為像 00940 那樣一出即全台瘋狂，難說何時又有新出的高股息 ETF 超車。

避免受話題吸引而參與其實不了解的、新出的 ETF，是比較穩健的做法，所以這篇文章只用幾支歷史稍久的高股息 ETF 舉例說明高股息投資的本質。

第 **3** 章

退休現金流（2）：把握機運！分散風險的投資工具

如果依照前面提到過的學者們的意見，還有巴菲特的 10 年賭局，長期投資買下全市場的指數型投資就可以了，不需要追蹤這些每個月都新出的高股息和話題式 ETF。當然，在臺灣這種瘋狂高股息投資的環境，很難不被影響。

我也並不是要跟這股潮流刻意唱反調、或是唱衰投資高股息 ETF，有可能巴菲特或是諾貝爾經濟學獎得主，也拉不住你想買高股息 ETF 的心。不過，若是你為了想要「投資之後、馬上可以看到配息」，也建議先確認對這個投資方式沒有誤會、都了解了才去進行。

事實 1

投資高股息 ETF，並沒有比較安全

許多人投資高股息 ETF，是因為覺得高股息 ETF 股價比較穩定。真的是這樣嗎？在表 16 中，我整理了近 20 年股市跌幅超過 20% 以上的熊市區間，各人氣 ETF 的股價跌幅。

- 2008.1.2 ～ 2008.11.24 金融海嘯：大盤指數型的 0050、0051（元大中型 100）和高股息的 0056，跌幅都超過 50%。
- 2020.2.14 ～ 2020.3.19 COVID-19 爆發：0056 和訴求低波動的高股息 00713，跌幅也達到 24%，只比大盤指數型的 0050 少跌 2%
- 2022.1.17 ～ 2022.10.25 疫後通貨膨脹、美國升息：的確在

這一次股災中，高息低波的 00713 和國泰的 00878 跌幅最小，少於 20%，但高股息的 0056 跌幅還超過中型股指數投資 0051。

從幾次的股災的資料看來，並不能肯定地說高股息一定會跌比較少，需要更長時間的驗證。

【表 16】人氣 ETF 於跌幅超過 20% 的熊市區間股價跌幅

ETF		跌幅超過 20% 的熊市區間股價跌幅		
		2008.1.2～2008.11.24 金融海嘯	2020.2.14～2020.3.19 COVID-19 爆發	2022.1.17～2022.10.25 疫後通貨膨脹、美國升息
【大盤指數】				
元大台灣 50	0050	-50.36%	-26.25%	-34.82%
元大台灣中型 100	0051	-58.30%	-29.82%	-19.74%
【高股息】				
元大高股息	0056	-50.12%	-24.11%	-23.38%
元大台灣高息低波	00713	─	-24.31%	-14.27%
國泰永續高股息	00878	─	─	-16.25%

※ 資料來源：2008 年資料來自 Yahoo！財經、2020 年及 2022 年資料來自美國晨星

第 3 章

退休現金流（2）：把握機運！分散風險的投資工具

事實 2

高股息不算固定的現金流

「即便股災期間，還可以領到高配息，會比較安心」，這是高股息讓人想起來感到安慰的地方。

如果因為高股息 ETF 才讓你敢開始投資，那也沒有不好。不過你一定要知道，高股息的配息並不是固定的，每年會上上下下的波動。以 0056 為例，在 2010 年甚至沒有配息，而 2016 年每股配 1.3 元，2017 年則為 0.95 元。

在退休後要靠這樣上上下下的現金流過日子，甚至想依此支應長照的費用，恐怕是太過樂觀的想法。

事實 3

高配息並不等於高報酬

這個觀念已經在前面不斷提到，但我還是要再三提醒大家。

下面的表 17 中，我列出來幾檔人氣 ETF 年度含配息的總報酬率，還有 2008 年至 2021、2022 年、2023 年不同時間點看到的年化報酬率。

可以看到幾檔高股息 ETF 在 2023 年因為乘上 AI 的熱潮而大漲，單一年度報酬率都在 50% 上下，但是 0056 其實過去報酬率長期落後大盤指數，從 2021、2022 年、2023 年不同時間點回看它的年化報酬率，都是落後 0050 和 0051，只是 2023 年一年把過去累積落後大盤

109

指數型的距離拉近。

　　但是這種一年的大漲,不能期待每年都會發生。此外要特別提醒的是,如果配息沒有再投入,就不會有表 17 中這麼高的報酬率。

【表 17】人氣 ETF 的中長期報酬率,不能只看單一年度

ETF	含息報酬率 年度報酬率 2021 年	2022 年	2023 年	年化報酬率 2008~2021 年（14 年間）	2008~2022 年（15 年間）	2008~2023 年（16 年間）
【大盤指數】						
元大台灣 50（0050）	21.97%	-22.41%	27.40%	9.80%	7.29%	8.45%
元大台灣中型 100（0051）	42.23%	-11.79%	48.94%	7.59%	6.17%	8.44%
【高股息】						
元大高股息（0056）	18.66%	-17.73%	56.84%	7.10%	5.23%	7.89%
元大台灣高息低波（00713）	31.00%	-7.06%	46.26%	―	―	―
國泰永續高股息（00878）	25.39%	-9.86%	43.76%	―	―	―

※ 資料來源:美國晨星

第 3 章
退休現金流（2）：把握機運！分散風險的投資工具

事實 4

別光看短期績效好就投資

「00713 績效打敗大盤，比 0050/006208 更好？」在 2023 年開始，有人認為 00713 是最優高股息產品。

在 2021 年至 2023 年的 3 年間，它的報酬率大勝 0050（請看表 18），不過如果看的是從 2018 年到 2021 年的 4 年，它僅贏過 0056，輸給大盤指數的 0050 和 0051。看起來績效是較平穩，但 2020 年 COVID-19 股災期間跌幅和 0050 相近，仍需更長期觀察。

【表 18】人氣 ETF 於不同區間的報酬率

ETF		含息累積總報酬率	
		2018~2021 共 4 年	2021~2023 共 3 年
【大盤指數】			
元大台灣 50	0050	102.90%	20.57%
元大台灣中型 100	0051	117.36%	86.86%
【高股息】			
元大高股息	0056	69.66%	53.12%
元大台灣高息低波	00713	77.15%	78.06%

※ 資料來源：美國晨星

如果用近3年的績效來論定這就是報酬率最高的選擇，很難說會不會某一個4年，它又給出一個意外。

早幾年紅的是0056，後來又說00878比0056好，2023年異軍突起的是00713，問題是更早幾年，也沒有檯面上知名的老師說00713會比0056好；而等到有人事後發現00713績效比較好、開始推薦的時候，不久又出現009XX系列的ETF，人氣又蓋過00713。

==如果是看當下當紅就買什麼，這正是所謂的「羊群效應」、「從眾效應」==，不小心就會被割韭菜。

這些愈來愈多樣化的選出高配息股票的方式，到後來就會變成ETF的一般基金化，琳瑯滿目，還記得前面提到的美國學者們對於投資策略的嚴謹看法？沒有經過幾十年時間驗證的，都要小心採用。

事實 5

越動人的行銷語言，越要小心！

有人說臺灣和美國不一樣，不過，我常推薦大家可以追蹤的政大財務管理學系周冠男教授也反對高股息投資，他認為高股息只是美麗的故事。高股息投資給予投信公司很大的行銷包裝空間，但是很成功的行銷，並不完全等於很好的投資。

很經典的案例是00940，2024年初股市接近2萬點，00940切割成小股份，每股的發行價訂為10元，相信也有很慎重思考後購入的投資人，但是明顯的，不少人就被這個行銷方式迷惑了，以為10元

太便宜了，買起來放著。別以為投資小白才會誤會，有的高學歷、金融背景的人也可能搞不清楚。

這就像蛋糕本來一個才賣，現在切片也可以買，是感覺比較容易入手，但是也沒有賺到，**這些 ETF 的成分股，就是處於 2 萬點的高價位啊！**不少人入手是因為想要等上市後溢價賺一筆，但是 上市半個月後其實處於跌破發行價的狀態，直到兩個多月後才解套，表現落後大盤指數。這檔商品又打著巴菲特價值選股的名號，不知道有沒有讓巴菲特過目一下是不是這樣？而且還記得巴菲特的 10 年賭局嗎？更別說他的遺囑是交代要做「不選股的指數化投資，買美國標普 500 指數」，不是高股息投資啊！

事實 6

小資花光配息，小心退休金提早見底！

臺灣還沒有人研究退休後應該可以花多少錢，所以只能參考美國的 4% 法則。近年美國晨星都會發布提領率，2021 年是 3.3%、2022 年是 3.8%、2023 年終於回復到威廉・班根先生最初提出 4% 法則時的 4%，而背後是假設股債資產配置的指數化投資。

如果計劃用高股息 ETF 達到月領多少就可以退休，要特別注意！首先，退休金要全部投入高股息 ETF 嗎？**資金全部在股市，是屬於高風險的配置。**

其次是，計畫每年把 6%、7% 甚至 8% 的配息消費完畢嗎？一來配息不是固定也不保證；再來，比起 4% 法則這樣的退休後提領率是太高了，要注意退休金提早用完的問題，畢竟沒有人能保證股市永遠只會大幅向上。

本多終勝，資金多的人配 6%、7%、8% 是不會用完的，一定有空間配息再投入，所以用高股息投資問題可能不大，**但是對於小資者來說，就要注意因為高配息而消費過度，當股市陷入熊市時又花光高配息反而有可能提早用光退休金。**

臺灣的指數投資市值前 50 大的 0050/006208 和中型 100 的 0051 配息通常有 3% 以上，加上債券配置也會配息，搭配 3%、4% 法則，更有利於消費的控制。

產業式、主題式投資，千萬別盲目跟

表 15 中定期定額排行榜上，除了跟蹤大盤的指數化投資、高股息投資之外的主題式投資，像是 ESG 永續投資、5G 等等，我就不在有限的本書版面中提及了，不過也要注意這當中的陷阱。

舉一個例子：根據集保結算所資料顯示，2023 年在上班族和家庭主婦族群中「增加」持股最多的標的前 10 大中，00712（復華富時不動產）也在其中，看起來應該是不少人在 2023 年價格跌到 9 元以下時搶進想要鎖定高配息。

不過 00712 是屬於「抵押型不動產基金（Mortgage Reits）」，

第 3 章

退休現金流（2）：把握機運！分散風險的投資工具

波動度相當高，並不是比較適合一般人長期持有的「股權型不動產基金（Equity Reits）」，00712 雖然 2023 年年均殖利率高達 9.21%，但是股價從 2017 年成立的 20 元腰斬為 2024 年 6 月底的 9.52 元。2020 年 COVID-19 股災期間這類投資慘跌，並且股市恢復了它還是趴著，這是比較小眾的工具。並不適合絕大多數投資人長期持有。

「配息」總給人安心的印象，以為高配息可以抵抗股票價格波動或是對抗通膨，但其實可能是披著羊皮的狼。

嫻人的理財摘要

- 投資高股息 ETF 前，確認自己真正了解它的 6 個事實。
- 投資 0056 當然不至於要去睡公園，但是並沒有根據可以說它好或是不好，而大盤指數 ETF 代表的是接近市場平均的報酬，這點則是確定的事。
- 美國知名財經顧問蘇西・歐曼（Suze Orman）在《給 50+ 的終極退休規劃指南》（*The Ultimate Retirement Guide for 50+: Winning Strategies to Make Your Money Last a Lifetime*）一書中提到，她也很愛高股息，**但是建議投資高股息的資金最多不要超過股票投資的 20%**。
- 投資是機率問題，也許在你投資的區間高股息 ETF 就是獲勝，不過，也並不是你不喜歡有關大盤指數 ETF 的缺點，

115

高股息 ETF 都能為你解決。要安心進行投資的 2 個關鍵，應該是如前面章節所說，把安全第一的退休現金流準備好，另外要做的是後面的段落會說明的資產配置。
- 避免投資自以為了解（其實一知半解）的產業型、主題式、高配息投資。

第 3 章

退休現金流（2）：把握機運！分散風險的投資工具

簡單安全、但考驗心態的指數化投資

跟著市場趨勢走、享受複利成長的效益

　　跟蹤大盤的市值型指數化投資是在美國發明的，是很多美國人使用的累積退休金的工具，在全球第 2 大股票市場的日本也很流行。而在臺灣，近幾年卻是高股息 ETF 不斷推出，為什麼在臺灣高股息 ETF 聲量會勝過追蹤大盤的指數化投資？

　　追蹤大盤指數的被動投資，稱為「指數化投資」，有時媒體也會用「市值型投資」來稱呼；在 ETF 定期定額排行榜上，屬於這一類的是元大的 0050 和富邦的 006208。這類投資不像高股息 ETF 一樣只選出高配息的股票，而是通通買下來取得趨近市場的績效。

　　並且，**指數化投資是一種「總報酬」的投資方法**，是盡量把資金留在投資上複利成長，還記得「報酬率＝配息率＋價差」？這種投資邏輯，不堅持要用錢的時候一定要從金融機構配息出來，自己也可以

賣股得到現金。

高股息 ETF 的配息，也只是金融機構把錢退回給投資人，那一池投入的資金，本來就都是投資人的錢。而且，由投信公司配出來的錢如果配愈多，而你所得稍高一點，就有課到稅的可能，上班族朋友要特別注意，我以前還是上班族時，就不投資會配息的工具。

0050 重押台積電，如何降低風險和影響？

臺灣最知名的是追蹤臺灣市值前 50 大公司的 0050 還有 006208，截至 2024 年 6 月（因為數值會隨市場變動，要聲明，本段落以下的資訊，皆以此日期為基準示範說明），占臺灣上市股票市值的 70%，雖然不是買下臺灣全市場，但是對臺灣股票市場有將近 7 成的代表性。

因為 0050/006208 會配息，所以也有人會投資「元大臺灣卓越 50ETF 連結基金」，有不配息的版本，不會有股息稅、二代健保補充保費等問題，不必拿到配息後還要自己再投入，而基金本身費用也還合理。對於沒有現金流需求的朋友是一個誘因，可以最大程度提高長期累積複利效果。

不少人常聽到 0050/006208，也覺得該投資大盤，可是又擔心這有太高比例集中在台積電怎麼辦？

台積電占 0050/006208 將近 50%，讓不少人擔心太過重押單一股票。不過，這就是臺灣市場的結構，也有些 ETF 會控制單一股票的

第 3 章
退休現金流（2）：把握機運！分散風險的投資工具

占比，但是這樣當台積電漲的時候，也就無法參與到全部。要沖淡台積電的影響，做法有 3 種：

（1）增加投資中型公司：0051 追蹤臺灣 50 指數成分股以外總市值最大的 100 家公司，也就是第 51 至第 150 家中型公司，**這也是部分進階投資人解決 0050 和 006208 將近一半是投資於台積電的補充性投資**。

增加 0051 這 100 間公司之後，可以增加比只投資 0050/006208 略多於 15% 的市值涵蓋率，**也就是共可以達到 85% 的市場代表性**。但是要注意，建議設定的投資比例，0050：0051 大約是 70%：15%，也大約就是 8 比 2，不宜過多的 0051。另外要注意 2024 年截至 6 月底，0051 規模只有將近 17 億元，是屬於比較少人投資的 ETF。

（2）投資全市場指數：可以選擇 006204（永豐臺灣加權 ETF），這是台股上市股票全市場的工具，或是 0057（富邦摩台）和 006203（元大 MSCI 台灣），這 2 檔都是追蹤「MSCI 臺灣指數」。

以上兩種都是取得接近市場平均的標的，但是因為追蹤成效、費用偏高或是規模太小等因素不理想，並不推薦投資新手選擇。

另一個選擇是基金版的「元大臺灣加權股價指數基金」，不過，這檔截至 2023 年底費用率超過 1%，還是偏高，可再觀察後續改善狀況。

ETF 像股票一樣，去證券 APP 上下單，或是設定定期定額就可以投資；基金的話則可以去「基富通」、「中租基金平台」、「鉅亨網」等基金平台開戶下單。可以比較各平台前置手續費的高低。

（3）分散海外投資：集中投資臺灣本身就有過於集中的風險，臺灣占全球股市僅大約 2%，所以近年來也愈來愈多人投資美國或是全球股市。海外投資的部分，我會在下一節的內容繼續說明。

投資追蹤大盤指數 ETF 的 3 個理由

1 贏過 90% 投資人的超簡單投資法

追蹤大盤的指數型基金是由約翰・柏格（John Bogle）先生先驅推動，被稱讚為 20 世紀偉大的金融商品創新。柏格先生在《約翰柏格投資常識》書中提到，指數化投資追蹤大盤指數，「長期持有就可以贏過 90% 投資人」，請注意，是說「贏過 90% 投資人」，而不是打敗大盤！但即便是這樣，也已經夠好了。

多少人投資股票失敗後得賣掉房子、夫妻失和或是再也不敢碰股票，而如前一節所說，即便是存股族認為很安全的中鋼（2002）、開發金（2883）等存股，在 2021 年高點下跌之後，經過 2 年多的 2024 年 6 月底，報酬率也還是負數。

2 89 歲的諾貝爾經濟學獎得主也愛用、唯一推薦

威廉・夏普的資本資產定價模型 CAPM，簡單說就是只要盡量買下整個市場上的股票、充分分散投資，這樣就不用擔心個別公司經營不善出錯的問題（非系統性風險），這時候風險就只有整個市場大環境的風險（系統性風險）。

第 3 章

退休現金流（2）：把握機運！分散風險的投資工具

不必擔心選錯地雷股、或是想說要投資比較保守的股票，結果比大盤還虧更多。==跟蹤大盤指數，只要承擔大環境本身的風險，這已經是一般人能夠降低投資風險最好的方式了。==

夏普教授在 2023 年於「柏格頭談投資」（Bogleheads On Investing）Podcast 第 59 集中受訪時提到一個小故事。他說，1970 年代開始在史丹福大學教投資學時，第一堂課他在黑板上寫下一組電話號碼寫給學生，並跟學生說「這是你們修這堂課會學到最重要的東西」。

那個電話是先鋒集團的客服電話，先鋒集團就是約翰‧柏格創立的公司。夏普提到，那是因為當年只有先鋒集團提供「指數型基金」。夏普教授在 2023 年受訪時已經 89 歲，在 Podcast 中提到自己直到現在，還是使用指數化投資。

3 低成本就可以進行分散風險的被動投資

追蹤大盤指數的基金不需要像一般基金要有基金經理人「主動」操作，而是「被動」依照大盤在股票間的分佈來投資，不需要頻繁更換成分股票，徒增交易成本，幫投資人省下很多錢。

以 2023 年來說，0050 的內扣費用為 0.43%，006208 是 0.25%，美國的 VTI、VT 則是低到 0.05% 和 0.07%，一般股票型基金的標準經理費則是 1.5%。

指數型投資不但省錢，還記得前面提到，巴菲特用標普 500 指數基金，什麼事都不用做，就打敗忙進忙出的避險基金經理人，贏了他那場有名的 10 年賭局！

看穿高股息 ETF 投資的行銷包裝

再次聲明，我並沒有要與高股息 ETF 為敵，只是想提出，目前這項工具大多被包裝得太美好，讓許多人忽略了事實和缺點。為什麼在臺灣會如此流行高股息 ETF 的投資呢？

1 臺灣人愛配息

不少人以為，配息率就是報酬率。以前在金融業服務的時候聽行員說，客戶看產品第一個就是問「配息多少？」其他都很難聽進去。

我在外商保險公司的英國老闆剛來臺灣時說，「總部什麼產品都能做出來」；我跟老闆報告：「可是臺灣人真的很愛保證配息，而且要跟其他公司競爭利率比高低。」這對保險公司來說是沈重的負擔，後來英國公司水土不服、撤出臺灣。

2 金融業投其所好

要教育消費者「總報酬＝價差＋配息」有點難，直接說「配息很高」大家就都很開心，於是從早期的儲蓄險、類全委投資型保單、高收益債到高股息 ETF，一代傳一代。

3 有時短期績效勝過指數化投資

大部分人容易被媒體報導、社群媒體的話題吸引，很少人會耐心等待 10 年以上的長期投資來見證指數化投資長期比較高的報酬率。

第 3 章
退休現金流（2）：把握機運！分散風險的投資工具

4 不相信長期指數投資的複利年化報酬

可以翻到第 1 章再複習一次，2008 年到 2023 年間，0050 雖然歷經過次股災，但是如能長期持有，含配息再投入的總報酬是 266.17%。用＜附錄 3 ＞連結到 Excel 工作表 1 驗算看看，複利年化報酬率的確是 8.45%。

0050 定期定額實測，不後悔的長期投資選擇

我開始投資 0050 是單筆投入的方式，但是這樣我會想要等低點，而且每次不敢投入太多，所以累積到的金額非常少。

在 2021 年底的市場高點，我開始不猜時點、定期定額地投資 0050/006208，後來也加入 0051，想看看會如何，經過 2022 年的熊市也沒有停扣，到 2024 年又回到高點，到 2024 年 6 月底止累積含息報酬率（不是年化報酬率）是 57%。

這 2 年多的累積，讓我有了耐震度，就算接下來股市跌 20%、30%，距離變成虧損還有一點空間。在 2024 年台股市場破 2 萬點的時候，我還是用保留的定存部位繼續定期定額投資。

嫻人的理財摘要

「您在 2021 年底市場高點開始定期定額投入指數投資，又遇上下跌 1 年這樣的情況，當時是什麼激勵自己相信並堅持下去？」曾有朋友這樣問。

- **其實應該說，我該後悔是沒有更早就投入指數化投資。** 在退休的 2017 年股市 1 萬點，現在（2024 年 6 月）是超過 2 萬點。我以前投資基金也定期定額，現在只是從基金換成更好的標的。

- 《投資金律》、《漫步華爾街》（*A Random Walk Down Wall Street: The Time-Tested Strategy for Successful Investing*）等等，在 Amazon 買的美國的退休規劃主題書籍中，幾乎都以指數化投資為主，還有諾貝爾獎等級的長者的教誨，我不會懷疑。

- 我不是全部投資臺灣，也不是全部投資股票，其他 4 成在債券和定存，退休之後也經歷幾次股災，不會太過擔心，就是因為有做好資金的分配。

第 3 章
退休現金流（2）：把握機運！分散風險的投資工具

除了台股之外的海外投資工具

入門新手要立刻投資海外市場嗎？不一定

2023年股神巴菲特出清台積電，他接受訪問所說的原因，是有關臺灣的地緣政治問題。在2021年經濟學人（Economist）就曾經說臺灣海峽是地表最危險的地方了，這個敏感的問題，誰知道會怎樣呢？

不過，只投資臺灣本身的確是該想想的問題。我在以前投資基金的時代，就是以全球股票型基金為主，退休前除了買集團的股票，根本就是全部投資海外。

只是在2020年處理掉基金之後，投資海外的ETF要透證券公司開複委託戶頭，當時費用比較高，因此一直到2021年底，複委託市場已經很競爭、費用也不高了，我才開始定期定額投資全球股票的VT。

截至 2024 年 6 月底止，臺灣是全球第 9 大的股市，但是在 VT 這檔全球股票中的占比只有 2%。==而包括我們所有的房地產、保險等，相信大部分人都是大量集中在臺灣的資產，因此，分散海外是一個合理的安排。==

不過，如果是投資理財的新手，先從臺灣開始投資也可以，不一定要一步到位。隨著投入金額增加，或是你很擔心投資 0050/006208 台積電占比太大，再考慮海外投資。

美國和國際股市的投資分析與比較

美國是全球最大股市，代表性的兩支 ETF 分別是追蹤美國前 500 大公司、標普 500 指數的 VOO、SPY，或是買下整體市場的 VTI。

臺灣也有 00646（元大 S&P500 ETF），也吸引不少偏好臺灣投信發行的產品的投資人，不過臺灣發行的美國標的費用和追蹤誤差會比較高，請大家自行斟酌。

- **投資美國的原因**：很簡單，因為美國是全球最大股票市場；巴菲特也看好美國 500 大公司，對美國的國力有十足的信心。

威廉·班根在試算美國退休提領率的 4% 法則時，就是用美國標普 500 指數和美國中期政府公債的配置做假設。如果要應用 4% 法則的概念，那只有美國的歷史資料可以驗證，用其他國家的資料來算可能不一定成立。（近年美國晨星對 4% 法則的研究報告，有加入少比例非美國市場的股債，但仍以美國占大宗）

第 3 章
退休現金流（2）：把握機運！分散風險的投資工具

而「國際股市」的名稱，則是以美國為中心來稱呼的，就是美國以外的其他國家股市，其中最常被提到的是 VXUS。

- **贊成分散投資美國以外市場的原因**：諾貝爾經濟學獎得主威廉・夏普，在 2023 年於「柏格頭談投資」Podcast 中受訪時表示，不建議只買美國的全市場指數基金。

夏普教授提醒，**不能期待過去高報酬的美國市場未來還是會繼續高報酬**。他還特別提到，如果把擁有的房地產算進去資產配置，美國人只投資自己家鄉的本土偏差（Home Bias）就會更嚴重。

《鄉民的提早退休計畫〔觀念版〕》（*The Bogleheads' Guide to Investing second edition*）和《投資前最重要的事》（*A Wealth of Common Sense: Why Simplicity Trumps Complexity in Any Investment Plan*）這兩本書的作者，都提出不應該只偏重美國股市。

在《投資前最重要的事》這本書中提到，從過去歷史回顧看起來，美國並不是永遠占上位，像是 1970 和 1980 年代的美國股市就落後其他國際股市。因此，如果目的是為了歷經數個經濟循環考驗的長期投資，那麼也布局美國以外的市場才是正確的選擇。

- **不支持分散投資美國以外市場的原因**：指數化投資先驅約翰・柏格也是相信美國人投資美國就可以了，原因是美國人投資海外會有匯率風險的問題。

《投資金律（新版）》中提到，美國以外的國際股票在過去幾十年間和美國股市間高度相關，似乎無法再提供任何分散投資風險的價值。

不想全押美國，海外投資可以四成買國際股市

結合 VTI 和 VXUS 就組成了 VT（但不完全相同），可以方便地用一支 ETF 投資全世界，我自己是用定期定額的方式投資。

用 VTI + VXUS 雖然組合起來成本較低、也可以彈性提高或降低美國的占比。不過要記得配置好比例，例如美國買到占 6 成，國際股市占 4 成，然後比例跑掉時要記得做再平衡把比例調回去。先來看看表 19，這是先鋒（Vanguard）公司旗下的美股 ETF 的基本資料。

【表 19】三檔常見的美股上市股票 ETF 比較

比較項目	VTI	VXUS	VT
投資市場	美國	美國以外國家（前三大為日本 15.7%、英國 9.6%、中國 7.1%）	全球股市（前三大為美國 62.9%、日本 5.8%、英國 3.6%）
股票支數	3674	8555	9840
費用率	0.03%（2023.4.26）	0.08%（2024.2.27）	0.07%（2024.2.27）
殖利率	1.36%	3.24%	2.05%
2012 年 -2023 年 12 年間年化報酬率	13.54%	6.06%	9.96%
本益比 P/E ratio	25.9x	15.4x	20.8x

※ 資料來源：（1）投資市場、股票支數、費用率、本益比取自先鋒（Vanguard）官網、費用率資料日期如表列，其它為 2024.6.30。（2）殖利率取自 2024.6.30 美國晨星網站，是用過去一年 ETF 配出的錢除前一個月的股價（12-Month Yield）。（3）年化報酬率係採美國晨星網站原始資料換算。

第 3 章

退休現金流（2）：把握機運！分散風險的投資工具

從表 19 可以看到，3 檔 ETF 成分股都是幾千檔，不挑選個股，費用率極低，而且真正的被動式投資並不強調高股息，而是將資金盡量留在投資上享有最大的複利效果。這樣才是指數化投資先驅約翰·柏格想要造福大眾的、真正的被動投資。

從美國股票 ETF VTI 的本益比可以看出，2024 年 6 月的每一塊錢盈餘，得花 25.9 倍的價錢才能買到，比起國際股市的 VXUS 每一塊錢盈餘花 15.4 倍的價錢就可以買到高出許多，這是許多美國財經專家認為美股股價已經太高、未來不太可能再有過去那樣高的報酬率的原因之一。不過，這個預測已經很多年了，美股還是繼續創新高，市場預測是很難的事情。

另外，要提醒大家一點，因為 VXUS 成立較晚，表上的年化報酬率，是切齊從 2012 年到 2023 年的 12 年間的歷史年化含息總報酬率，不能和本書中已經出現數次的 0050/006208 從 2008 年到 2023 年的 16 年間的歷史報酬率比較，因為區間不同。

我被讀者問過很多次，<u>為什麼投資報酬率比較差的 VT，而不是投資 VTI？</u>沒有對錯，只是我選擇了相信全球分散投資的意見。

<u>日本人也流行海外指數化投資</u>

不只在美國，在日本追蹤大盤的指數投資也很盛行。日本政府在 2014 年參考英國推出了 NISA（Nippon Individual Savings Account）個人儲蓄帳戶計劃，提供一定額度內的小額投資機會，給國民免稅的優惠，鼓勵民眾提早為退休儲蓄。

根據日本網路證券龍頭 SBI 證券的統計數字，2024 年 5 月透過 NISA 定期定額投資基金類件數排名：

> 第 1 名：三菱的 eMaxis Slim 全球股票指數基金
> 第 2 名：三菱的 eMaxis Slim 美國 S&P500 指數基金
> 第 3 名：三菱的日本東證指數基金

而到了第 7 名，才有一檔投資日本國內的高股息基金。

國內與海外投資的配比建議與稅務問題

說到國內投資和海外投資，應該如何分配比例？老實說這沒有標準答案，不過，建議你不妨從以下的方向來思考要如何調整。

- 臺灣股市僅占全球股市大約 2%，首先要思考的是，很多人有保單、房屋等資產，那也是臺灣資產，考量地緣政治等因素，也許該控制臺灣股市的投資比例。
- 畢竟我們吃喝都在臺灣，考量匯率風險，加上後面章節會討論到的債券也是美元資產，**這些會受美金匯率影響的資產共占投資的 50%，或許是一個上下調整可以參考的基準點。**

關於海外投資和複委託最常見的問題之一，就是國外的稅務問題了，以下分別說明投資海外時發生的股息稅、遺產稅和海外所得稅的狀況。

第 3 章

退休現金流（2）：把握機運！分散風險的投資工具

1 股息稅－美股版本

在台美還沒有簽訂租稅協定前，投資美國的股票 ETF 收到的股息要預扣 30% 的稅。例如，表 19 中 VT 的殖利率是 2.05%，乘以 30%，也就是證券公司配息給你的時候會直接扣下 0.615% 的金額，實質殖利率只會剩下 1.435%。

VT 的費用率 0.07% 加上股息稅 0.615% 之後，**讓低成本的指數投資又像臺灣的一些 ETF 一樣有太高的費用**，的確是**不甚理想**，不過還是比一般股票型基金的經理費 1.5% 低，此外，也只能期待台美之間是否有望簽訂租稅協議。

2 股息稅－英股版本

也可以投資 VT 的英股版 VWRD，股息稅可省下一半，**不過它的費用率較高（約 0.22%）**，英股也有不配息的版本可以省成本，不過如果不是海外開戶，截至 2024 年 6 月底，就只有富邦證券提供英股複委託投資的服務，就看個人的選擇。

3 遺產稅－向美國券商開戶

我是在臺灣大型金控旗下的證券公司開複委託戶頭進行海外投資，但也有許多人直接向美國的券商開戶；我的考量是萬一失智，或是突然有天走了，家人要跨海取回我的資產很麻煩，也會有要向美國繳遺產稅的可能。截至 2024 年中，**美國針對外國人持有美國資產計算遺產稅的免稅額，只有 6 萬美金**，超過就要課稅，這個金額很容易超過。

4 遺產稅－複委託

有一派認為複委託也會有遺產稅的問題，但是在 2024 年中查詢到某證券公司的「複委託－海外股市說明書」提到，「**透過複委託，若投資人不幸身故，則繼承人僅需負擔臺灣的遺產稅即可移交外國資產**，不須再隔海與美國政府、海外券商打交道。」我去問了往來的證券公司也是一樣的答案。

如果還是擔心的話，就去投資英股的版本吧！

5 海外所得稅

海外所得稅的問題，就像是投資一般基金一樣，有海外稅負制的問題，**報稅的時候要如實申報，一般小資族問題不大**。大戶一點的話，是要特別注意萬一大筆賣出實現獲利可能會有要繳稅的問題。

6 複委託海外投資的匯率問題

複委託投資海外有匯率風險，但是一般海外共同基金也是有匯率風險，**如果決定分散海外投資，匯率變動就是必要之惡**。不過，美金可能貶值，也可能升值，也就是在匯率的部分可能有賺有虧，解決方法就是控制好美金資產的占比。

匯率難預期，每月換匯一次即可

至於換匯的時間點，我剛開始投資的時候因為匯率不到 1：28，

第 3 章

退休現金流（2）：把握機運！分散風險的投資工具

那時候有換一筆比較大的金額，但是那時候美金的定存利率很低，所以那筆錢還沒入定期定額投資之前，就呆在那邊沒生利息，也是種浪費。

等到那筆錢扣光了之後，我就每個月換錢來扣，這之後換的錢匯率就在 1：30 ～ 1：33 之間，因為匯率的走勢很難預測，先換起來也有可能是換到比較高的，所以我也就沒有再預先大筆換匯起來等，而是每月換匯一次分散時間點換匯。

和投資 0050/006208 一樣，我是在 2021 年底的市場高點開始定期定額投資 VT，也一樣經過 2022 年的熊市沒有停扣，到 2024 年 6 月底，累積的含息報酬率（不是年化報酬率）是 21%，這部分仍持續進行。

嫻人的理財摘要

- 因為地緣政治風險，當投資金額逐漸長大時，可以考慮分散海外投資。
- 選美國、或是選全球股市？沒有標準答案，本文僅提供思考點。
- 建議對複委託的股息稅、遺產稅等有充分了解，再開始海外 ETF 的投資。

債券ETF有穩定現金流，但別只看配息

投資債券的目的是分散股票投資的風險，連股神巴菲特的老師葛拉漢（Benjamin Graham）在他的《智慧型股票投資人》（*The Intelligent Investor: The Definitive Book on Value Investing*）一書當中，都說到股票搭配債券配置的重要。因為美國升息之後，債券 ETF 的配息變高了，所以在臺灣也十分熱門。

掌握債券 ETF 投資的 3 個指標，預先了解風險

金融機構和媒體通常用殖利率來吸引人，不過，看到配息高先不要高興，請記住第 1 章提到過，**投資最重要的 3 件事**，其中之一是要**了解風險在哪裡**。找出以下 3 個指標，就可以大致掌握債券這個配息

第 3 章
退休現金流（2）：把握機運！分散風險的投資工具

是否值得。

指標 1　信用評等

1. 以美國政府公債為優先，投資等級公司債次之

美國政府信用通常是最優良，即便有時候被降信用評等，也不用太擔心，而且一般來說，股災的時候資金會流入美債中避險。當然經濟不是公式，還是會有像 2022 年疫情後通貨膨脹而升息、導致股債齊跌的狀況。

信評優良的公司像是蘋果、微軟和嬌生，雖然倒帳的風險很低，不過遇到經濟衰退的期間也可能和股票一起跌價。盡量選擇 A 等級以上的公司債，配息稍低，但是風險也較低，同時建議控制投資的比例。

2. 盡量避免非投資等級債（高收益債）

信用評等比較不好的公司必須要有較高的配息才能借得到錢，因此投資人可以拿到高配息，可是這類公司在經濟變差、股災來的時候，通常也容易違約還不出錢，所以價格容易大跌，2008 年金融海嘯期間，我持有的高收益債基金也跌了 30% 以上，還好持有的數量不是很多。

曾經去講座時有朋友拿對帳單給我看，她幫孩子投資了 10 年，報酬率只是比定存多一點，也有讀者說父母買這種基金，感覺白做了 10 年工。

指標2 存續期間（duration）— 投資人持有債券的平均到期年限

也就是投資人回收本息的實際平均年限，到這裡看不懂沒關係，但是要記得的是，**存續期間可以衡量每單位利率變動對債券價格之變化量或變化百分比，以作為債券價格風險衡量指標。**

比如說在2024年第2季止，臺灣市值規模最大的債券ETF是00679B（元大美債20年），平均有效存續期間（年）大約是16年，代表每升息1%可能跌價的幅度為16%，而降息時則每降1%可能漲價16%，這也是為什麼在臺灣從2022年就期待降息而買入長期公債賭一把的風氣很盛。

但是，**債券價格的變動並不是規格化的機器，如就穩健的退休資產配置來說，要避免波動性過大的長期公債，而以短中期債券為主。**

指標3 費用率

費用率也是大家常忽略的魔鬼細節，投資債券通常是為了配息，但是通常報酬率比股票低，所以要更注重費用率，因為債券被扣高費用，就會失去投資的價值了。

第 3 章
退休現金流（2）：把握機運！分散風險的投資工具

3 種代表性債券 ETF，
評估指標一次列出比較

1 美國政府公債：最有效的避險工具

投資美國公債最重要的原因，就是避險。我在退休初期有配置一些 20 年以上的公債 ETF 00679B，的確在 2020 年股災中發揮很好的保護效果，在那時候執行股債再平衡，賣掉因為股災避險資金湧入而漲高的 00679B，賣價是 50 元，而我的成本價是 37 元，報酬率約有 35%。

雖說有這種令人欣慰的避險效果，但是要注意利率風險，在升息的時候，價格暴跌起來也很嚇人！由表 20 可以看到，2022 年因為疫情後的通貨膨脹、升息引發的熊市中，美國政府公債 ETF 沒有如以往的股災那樣發揮保護的效果，是股債齊跌的一年，利率風險高的美版長期公債 ETF TLT 跌幅超過 30%。

不過投資人賭性很堅強，沒有因為長債波動很大而走避，反而從 2022 年到 2023 年間許多人期待美國終究會再降息，預估長年期美國政府公債一定會大漲一波，所以資金大量湧入 00679B 等長債，甚至借錢投資。這樣的想法還是比較投機性的，在寫這本書的 2024 年 6 月當下，降息還沒發生。

我對於公債 ETF 的投資很小心謹慎，是用定期定額的方式慢慢投入。因為還有一些定存部位做後盾，所以是投入稍嫌長期一點的 7～10 年期公債 ETF。而臺灣的產品在這個期別的費用較高

（00695B），我是用複委託投資美股的 IEF。

【表 20】代表性美國公債 ETF——美股和台股

代表性債券 ETF	存續期間（年）	費用率	12個月配息率	含息報酬率 2019	2020	2021	2022	2023
【長期美國政府公債】									
iShares 20+Year Treasury Bond ETF（TLT）	16.63	0.15%	3.86%	14.12%	18.15%	-4.60%	-31.24%	2.77%
元大美債 20 年（00679B）	16.69	0.16%	4.04%	13.74%	8.13%	-6.41%	-23.19%	3.11%
【中期美國政府公債】									
iShares 7-10Year Treasury Bond ETF（7-10 年期美國政府公債）（IEF）	7.23	0.15%	3.25%	8.03%	10.01%	-3.33%	-15.16%	3.64%
富邦美債 7-10 年 (00695B)	7.19	0.47%	1.92%	6.38%	1.91%	-5.30%	-5.20%	2.99%
Vanguard Intmdt-Term Trs ETF（3-10 年期美國政府公債）（VGIT）	5.6	0.04%	3.18%	6.19%	7.71%	-2.64%	-10.53%	4.28%

※ 資料來源：（1）存續期間：2024.6.30 查詢各公司官網。（2）費用率：美國產品為 2024.6.30 查詢美國晨星；台灣產品查詢投信投顧公會官網 2023 全年數值。（3）12 個月配息率及回測報酬率為 2024.6.30 查詢美國晨星，報酬率為原幣報酬，考慮匯率問題，台美產品不應互相比較。

第 **3** 章

退休現金流（2）：把握機運！分散風險的投資工具

2 投資等級公司債 ETF：容易和股市連動，要控制比例

會配置投資等級公司債的原因，是它比公債高的配息，==不過因為公司的償債能力和景氣有比較高度相關，股票跌價時也常跟著一起跌價，因此如果有配置，也建議控制比例==，特別是存續期間比較長的 ETF，利率風險也會比較高。

我在退休初期有購入存續期間將近 15 年的 00751B（見表 21），經歷 2022 年到 2023 年的升息之後，果然大幅跌價，但因我一向分散配置，虧損金額不是太高，就放著繼續領息。

因為債券 ETF 五花八門，常常被問到各種代號的債券 ETF 可不可以配置？像是，00720B（元大 20 年期以上 BBB 級美元公司債券 ETF）好不好？00724B（群益投資級金融債）好不好？

在 2022 年美國開始升息之後，這些投資等級公司債的配息也拉高，於是不少人開始把它當成投資的主力，甚至配置比重超過股票，但是如果你距離退休還很久，應該是以長期增值力強的股票為主，==配置債券過多會降低資產累積的速度==。

股災期間，這些投資等級債也會跟股票一起跌價，除非是持有公司債到期，就可以暫時不管漲跌，不過在第 2 章有提到，美國退休現金流專家普福教授並沒有把「持有公司債到期」列入安全的現金流。

台灣投信發行的公司債 ETF 費用率有改善的趨勢是好現象，但是存續時間一般偏長（超過 10 年），利率風險偏高，建議投資之前先到各投信公司的官網查詢。至於產業集中的金融債，即便配息不錯，就投資的分散性來說不是好選擇。

【表21】代表性美國投資等級公司債 ETF——美股和台股

代表性債券 ETF	存續期間（年）	費用率	12個月配息率	含息報酬率 2019	2020	2021	2022	2023
【投資等級公司債】								
iShares Iboxx $ Invmt Grade Corp Bd ETF（LQD）	8.35	0.14%	4.35%	17.37%	10.97%	-1.84%	-17.93%	9.40%
元大 AAA 至 A 公司債（00751B）	14.76	0.26%	5.23%	22.19%	5.99%	-5.69%	-18.50%	8.95%
中國信託 10 年期以上高評級美元公司債券 ETF（00772B）	13.39	0.31%	4.40%	-	5.85%	-4.93%	-16.75%	8.98%
元大 20 年期以上 BBB 級美元公司債券 ETF（00720B）	13.80	0.46%	5.48%	26.44%	6.35%	-2.32%	-16.66%	8.67%

※ 資料來源：（1）存續期間：2024.6.30 查詢各公司官網。（2）費用率：美國產品為 2024.6.30 查詢美國晨星；台灣產品查詢投信投顧公會官網 2023 全年數值。（3）12 個月配息率及回測報酬率為 2024.6.30 查詢美國晨星，報酬率為原幣報酬，考慮匯率問題，台美產品不應互相比較。

3 綜合性債券：結合公債和公司債的優點（臺灣投信公司目前沒有推出這種產品）

　　主要成分標的是公債，但是也包含有政府擔保的抵押貸款證券、市政債以及投資等級的公司債，**兼顧公債的保護力，也透過納入投資**

第 3 章

退休現金流（2）：把握機運！分散風險的投資工具

等級公司債來補貼公債較低的收益率，不過也有人認為純公債在股災中的保護力比較好，所以沒有投資這種債券。這類債券目前臺灣還沒有，只能透過複委託等管道投資美國的產品。

【表 22】代表性綜合債券 ETF——美股

代表性債券 ETF	存續期間（年）	費用率	12個月配息率	含息報酬率 2019	2020	2021	2022	2023
【美國綜合債券】									
先鋒總體債券市場 ETF（BND）	6.0	0.03%	3.39%	8.84%	7.71%	-1.86%	-13.11%	5.66%
【美國以外國際市場綜合債券】									
先鋒總體國際債券 ETF（BNDX）	7.1	0.07%	4.73%	7.87%	4.65%	-2.28%	-12.76%	8.77%
【全球綜合債券】									
先鋒全世界債券 ETF（BNDW）	6.6	0.05%	4.03%	8.37%	6.22%	-2.10%	-12.88%	7.18%

※ 資料來源：（1）存續期間：2024.6.30 查詢各公司官網。（2）費用率：美國產品為 2024.6.30 查詢美國晨星；台灣產品查詢投信投顧公會網 2023 全年數值。（3）12 個月配息率及回測報酬率為 2024.6.30 查詢美國晨星，報酬率為原幣報酬，考慮匯率問題，台美產品不應互相比較。

表 22 中，BND（先鋒總體債券市場 ETF）投資的是美國的債券、BNDX（先鋒總體國際債券 ETF）投資美國以外國家的債券、BNDW

（先鋒全世界債券 ETF）投資全球的債券。BND 和 BNDW 的債券數都達到 1 萬支以上，是充分分散到很極致，BND 和幾乎一樣的安碩公司出的 AGG，截至 2024 年上半年，在美國的債券 ETF 中規模是前兩大。

表 22 中可以看到經歷 2022 年的升息之後，報酬率也受到壓縮，但是因為這 3 支都是存續期間屬於中期債券，虧損幅度比起表 20 和表 21 中存續期間較長的長債來說還是比較小。

掌握債券 ETF 投資的 2 個事實，預先了解風險

事實 1　穩定（但不是固定）的現金流

透過一支 ETF，就可以輕鬆地分散投資在數十檔到上萬檔債券，可以彈性像股票一樣隨時買賣，比起「直債」具有更大的方便性。當股債配置的比例因為市場波動而跑掉時，容易進行「再平衡」。

但是要注意一點，配息並不是固定的，雖然可能比股票配息穩定，不至於 0 配息，但也會因為利率環境變化而上上下下，比較難規劃為完全固定的退休現金流。

此外，**它也不像直債一樣持有幾年就保本**，特別是長年期的債券，價格波動度很大。不過直債如果沒有持有到期，而是要在中途出售，也是會面臨一樣的價格漲跌問題。

第 **3** 章

退休現金流（2）：把握機運！分散風險的投資工具

事實 2　穩定股票震盪的保護效果，但不建議保守投資人買長債

從表 23 中可以看到，2020 年 COVID-19 的股災中純公債的報酬率是正數，對股票具有比較好的保護力，公司債雖然配息較佳，但是和股票一同跌價。

【表 23】代表性股債 ETF 於跌幅超過 20% 的熊市區間股價漲跌

	ETF	跌幅超過 20% 的熊市區間股價跌幅	
		2020.2.12~ 2020.3.23 COVID-19 爆發	2022.1.12~ 2022.10.20 疫後通貨膨脹、 美國升息
股票	先鋒全球股票 ETF (100% 股票) （VT）	-34.23%	-24.21%
公債＋投資 等級公司債	先鋒全世界債券 ETF(100% 債券、含投資 等級公司債) （BNDW）	-2.58%	-14.65%
純公司債	安碩 (iShares) iBoxx 投資 等級公司債券 ETF （LQD）	-12.10%	-21.95%
純公債	安碩 7-10 年美國政府 公債 (100% 債券) （IEF）	6.88%	-16.73%
純公債	安碩 20 年以上美國政 府公債 (100% 債券) （TLT）	15.96%	-32.59%

※ 資料來源：美國晨星

143

2022 年通貨膨脹和美國升息引發的熊市中，公債和投資等級公司債都因為利率上升而實現利率風險——全都跌價了。

常有人會問要投資長債還是短債？《投資金律》作者威廉‧伯恩斯坦先生在 2023 年 7 月接受美國晨星專訪時提到，雖然長年期政府公債有在股災時避險的效果，但是為了這很多年一次的避險功能，而要忍受長債在 2022 年升息期間劇烈的跌幅，他認為不值得。

備受尊敬的華爾街日報專欄作家傑森‧茲威格（Jason Zweig）在 2024 年 4 月的專欄文章中，特別指出很多人猜測降息可以賺利差而買進長年期公債，但是「連聯準會都不知道什麼時候會降息，為什麼大家知道會什麼時候降息呢？」他提醒大家，資產配置還是以短年期債券為主，巴菲特也不投資長債。

基於以上原因，以美國政府公債 ETF 來說，表 20 中年期更短的 VGIT，或 3～7 年的 IEI 也是可以考量的選擇。

選擇台版或美版債券 ETF 的評估要點

如果看完前面的內容，你也考慮要投債券 ETF，問題來了，要投資臺灣的還是美國的好？

購買美國發行的產品，不管是追蹤指數的績效和費用率都會比較有優勢，畢竟投資的是美國的標的。但配息的部分會被美方預扣 **30% 的股息稅**，不過債券投資因為具有利息性質，透過複委託投資的話，符合資格的券商能於次年度處理不同比例的退稅（約 8 成，不是

第 3 章
退休現金流（2）：把握機運！分散風險的投資工具

100% 退）。

投資台版的商品有方便性，雖然一樣有匯率風險，但不用自己換匯。**不過投資前請別忘記檢查債券 ETF 的「價格」有沒有偏離「淨值」**。這在臺灣的 ETF 不少見，「淨值」是 ETF 成分債券真正的價值，如果市價偏離，就表示買貴了，因為債券不是高報酬率的資產，如果有偏離到 0.2% 以上，就要注意是不是買貴了。我把證交所查 ETF 淨值的連結放在＜附錄 3 ＞的工作表 2。

嫻人的理財摘要

- 債券 ETF 雖然沒有到期保本，但是因為彈性、適合作為資產配置、執行再平衡的工具。
- 選擇上不僅是看殖利率，也要注意債券評等（信用風險）、存續期間（利率風險）、費用率等。
- 債券 ETF 具有 2 大功能：(1) 配息（但不是固定的現金流），(2) 平衡股票投資的風險。但債券不適合作為上班族投資的主力，用債券很難養大退休金。
- 保守型投資人要避免利率風險較高的長期債券 ETF。

2024 年 6 月　嫺人攝於義大利阿瑪菲海岸 波西塔諾

為了退休投資,並不需要掌握市場漲跌,
而是找到長期穩健成長的工具,
然後以長期持有為目的,
注重的是風險的控制,提高最後達標的機率。

第 3 章

退休現金流（2）：把握機運！分散風險的投資工具

小資族也該做的、投資最重要的事：資產配置

再來複習第 1 章中提到，做投資決定最重要的 3 件事：(1) 設定合理的短、中、長期理財目標，(2) 了解各項投資的風險，(3) 了解自己的風險承受度、調配適當的投資組合（資產配置比例）。

前面的章節，我分享了基金、個股、高股息 ETF 和指數化投資等各項理財方式的風險，也分享了為什麼在累積退休金的階段，最好的選擇是指數化投資。現在，我們就用指數化投資為例來說明資產配置。

不過，當然如果你還是想試試看其它的方式會不會更好，或是有些朋友覺得還是想領到比較高的配息才安心、高股息 ETF 才能讓你持續投資，只要看清楚這一章有關高股息 ETF 事實的提醒，確定不是因為誤會而做的選擇，即便沒聽諾貝爾獎學者的建議，人各有志，也沒有人能說你是錯的。

如果你的工作收入和我以前一樣夠多,「人力資本」才是存退休金的主力,我用自己也想吐自己槽的基金停利停損投資理財,也還是滑壘成功了。但是,如果存錢已經需要很克制、「人力資本」不是特別多,這樣的話,跟隨媒體新鮮的投資話題、或是自己自信的方式去進行,要承擔 10 年、20 年後要退休時的結果,會不會和巴菲特對賭指數化投資的那位避險基金經理人一樣,10 年年化報酬率只有 2.2%?(會不會有人感覺阿姊特別囉唆,一直在提醒?)

不管你是選擇基金、個股、高股息 ETF,接下來的資產配置觀念也可以參考,不過在預估報酬率的時候,會有更高的不確定性。

安全度過股災的股債配置比例

雖然即便跟隨了指數化投資,股市長期向上,未來的風景很美麗,但是在向退休的願景奔跑的路上,仍有區段凹陷的跌勢,萬一跌到窟窿裡去怎麼辦?**怎樣能夠熬過這些區段下跌,才能堅持長期持有?密碼就藏在資產配置裡。**

表 24 是我在退休後歷經兩次跌幅超過 20% 的股災中,不同股債組合的表現。我用 AOA、AOR、AOM 和 AOK 這一系列不同股、債資產配置的平衡型 ETF,讓大家看看在大凹陷的股災中,不同股、債資產配置比例的表現。

你也可以透過複委託去買到這系列的資產配置型的 ETF,這些 ETF 會自動幫你再平衡到目標的比例,或是你也可以用前面章節介紹

第 3 章
退休現金流（2）：把握機運！分散風險的投資工具

【表 24】人氣 ETF 於跌幅超過 20% 的熊市區間股價跌幅

ETF	內容 股	內容 債	跌幅超過 20% 的熊市區間股價跌幅 2020.2.12~2020.3.23 COVID-19 爆發	跌幅超過 20% 的熊市區間股價跌幅 2022.1.12~2022.10.20 疫後通貨膨脹、美國升息
【股票】				
先鋒全球股票 ETF（100% 股票）（VT）	100%	0%	-34.23%	-24.21%
【股債平衡】				
iShare Core Aggressive Allocation ETF（股八債二）（AOA）	80%	20%	-28.38%	-22.30%
iShare Core Growth Allocation ETF（股六債四）（AOR）	60%	40%	-22.95%	-20.35%
iShare Core Moderate Allocation ETF（股四債六）（AOM）	40%	60%	-16.47%	-18.50%
iShare Core Conservative Allocation ETF（股三債七）（AOK）	30%	70%	-13.54%	-17.76%
【公債 + 投資等級公司債】				
先鋒全世界債券 ETF（100% 債券、含投資等級公司債）（BNDW）	0%	100%	-2.58%	-14.65%

※ 資料來源：美國晨星

的工具來組成資產配置的比例。

因為 AOA、AOR、AOM 和 AOK 中的股票，是類似於全球股票的 VT，而內含的債券成分是類似於 BNDW，當中有公債和投資等級公司債，所以我把 VT 和 BNDW 分別當成 100% 股票和 100% 債券的組合代表。

從表 24 可以看出來股、債配置的觀察重點：

● **100% all in 股市**：就要能接受股災一來跌個 20%、甚至超過 30%，也就是在第 1 章提過的，開始投資之前，你要先決定自己可以接受的「搖滾區間」，從表中可以看到兩次股災實際的慘烈案例。

● **100% 投入債券**：債券的保護效果，並不是讓投資完全不會虧損，而是降低股災時整體組合不要負值那麼大。在 2020 年和 2022 年兩次股災中都可以看到債券的跌幅較小，具有對投資組合的保護效果，但是投資不是機器一樣的規格化，每一次的保護效果是看市場狀況，並不是都會一樣。

BNDW 在 2020 年 COVID-19 的股災中跌幅比股票小很多，這裡是用 BNDW 舉例，以便和平衡型基金是同樣的內容物比較，但在這一章當中有關債券的那一節中提過，要達到更好的保護效果，更建議的是純公債，在 2020 年 COVID-19 的股災中，純公債反而是漲價的。

在 100% all in 股市和 100% 投入債券的兩個極端中間，選擇一個你能夠接受的股、債配置比例。感覺一下，多少的下跌是你可以接受的？如果愈保守，就往債券的部分多配置一點；不過，股票的占比較少，代價就是抗通膨的效果也會比較差。

第 3 章
退休現金流（2）：把握機運！分散風險的投資工具

資產配置比例的建議公式和個人的評估方向

　　一般來說，用「110 或 100 －年齡」，可以作為適合股票配置的百分比。例如以 40 歲的人來說可以選擇股票占 60%-70%，以 50 歲的人來說，可以選擇股票占 50%-60%。但這不是一個絕對的數學公式，例如在以下情況，你也許可以選擇接受比較高的股票配置比例：

　　● **距離退休還很久**：未來還有可能累積很多退休金，例如每年薪水 100 萬元，還能工作 20 年，等於還有 2 千萬元的潛在收入，這是所謂「人力資本」，也可以算入配置的一部分。

　　● **工作不確定性低**：例如公務員應該可以配置比自由業的導遊積極一點，多一點在股票也不必過於擔心。

　　● **退休後有比較多的安全現金流**：像是有比較高的公保、勞保給付或是儲蓄險、傳統年金等，因為基本生活費有撐，股市短暫下跌時不會影響生活。

　　● **錢比較多**：錢多就比較有空間承擔風險，比較能任性。

　　● **生性樂觀**：全部 all in 股市遇到跌 30% 以上時，還是可以老神在在。

決定資產配置比例和目標報酬率

　　用前面表 24 感受一下，當股災來時哪一種資產配置的跌幅你還能接受，再往下看表 25 對應到的報酬率，決定一個你覺得適合的比例。

【表 25】2009～2023 年的 15 年間，各項資產配置報酬率

ETF	內容 股	內容 債	含息年化報酬率
【股票】			
先鋒全球股票 ETF (100% 股票)（VT）	100%	0%	10.27%
【股債平衡】			
iShare Core Aggressive Allocation ETF（股八債二）（AOA）	80%	20%	9.71%
iShare Core Growth Allocation ETF（股六債四）（AOR）	60%	40%	7.68%
iShare Core Moderate Allocation ETF（股四債六）（AOM）	40%	60%	5.66%
iShare Core Conservative Allocation ETF（股三債七）（AOK）	30%	70%	4.60%
【公債 + 投資等級公司債】			
先鋒全世界債券 ETF（100% 債券、含投資等級公司債）（BNDW）	0%	100%	N/A

※ 資料來源：美國晨星
※ BNDW 成立於 2018 年，故無長期報酬率數值。

這邊要提醒一件事，歷史報酬率不保證未來也是如此。此外，表中的報酬率是「含息報酬率」，也就是領到配息後馬上就再投入，如果你沒樣做，而是把配息用掉，那就不會有這樣的報酬率。

第 3 章

退休現金流（2）：把握機運！分散風險的投資工具

當股票投資的部分減少，投資組合的報酬率也就降低。像 AOK「股三債七」這個比較保守的組合，在取樣的 15 年區間，含息年化報酬率就只有 4.6%。提醒想領債券配息、而從上班族階段就主要投資債券的各位，選擇這個比例的代價，就是讓儲存退休金的速度比較慢。

「嫻人，妳的配置比例是多少？可不可以讓我參考？」我想，看到這邊的你，應該很好奇我的配置比例吧？要先說，這是退休人士的配置，若上班族要參考的話請多加斟酌。

我在退休後，先從股票 30% 慢慢往上加，就是反映我退休當下的金錢焦慮和當時的悲觀，害怕存款變少。不過，這也不是不會改變的，後來隨著我看到資產配置的成果，慢慢安心了，到我寫這本書時（56 歲）差不多是以下的狀況（圖 2）：

- **股票部位**：考量到有幾張保單，還有愈來愈靠近 60 歲可以起領勞保和勞退，我是超過用年齡計算出的 45%-55%，而有達到 60%。股票部位中台股占比比較高，將調整為台幣和美金各 50%。

- **保守資產的部位**：暫時是定存占 25%，將調整為債券 20%、現金 20%，也是台幣和美金各 50%。

以上僅供參考，每個人應該按照自己的狀況調整，即便和我同年紀，如果仍還在上班有收入，也可以考慮比我積極一點。

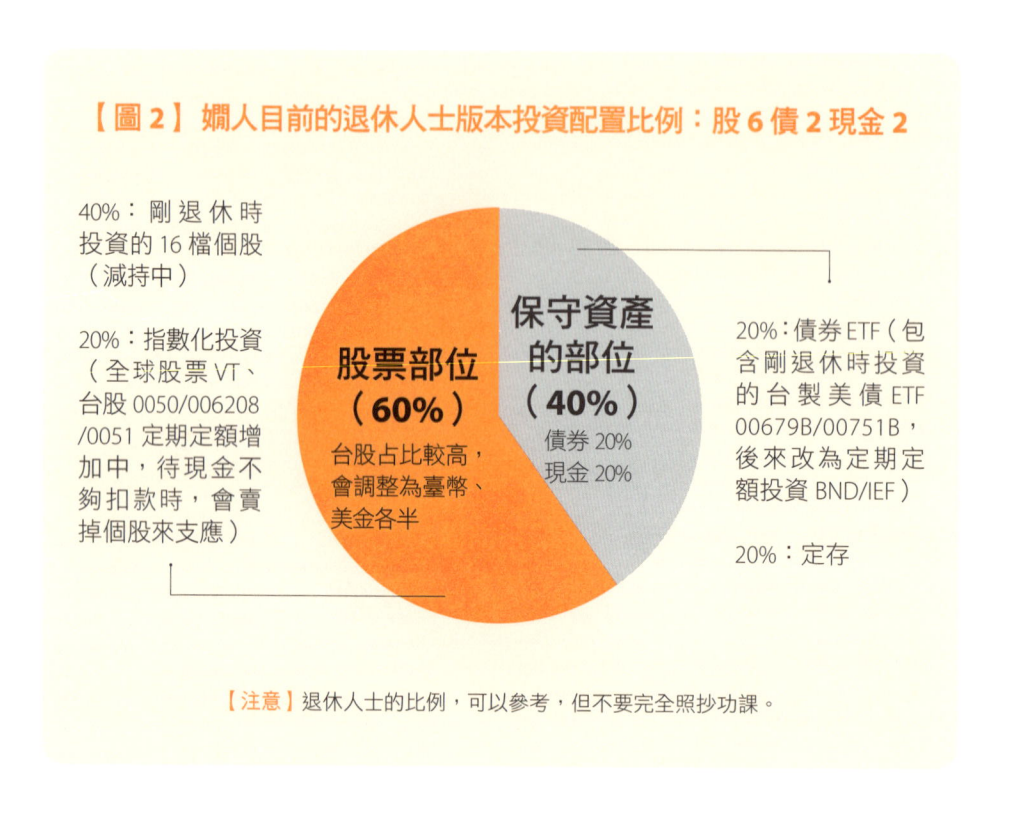

【圖 2】嫺人目前的退休人士版本投資配置比例：股 6 債 2 現金 2

40%：剛退休時投資的 16 檔個股（減持中）

20%：指數化投資（全球股票 VT、台股 0050/006208/0051 定期定額增加中，待現金不夠扣款時，會賣掉個股來支應）

股票部位（60%）
台股占比較高，會調整為臺幣、美金各半

保守資產的部位（40%）
債券 20%
現金 20%

20%：債券 ETF（包含剛退休時投資的台製美債 ETF 00679B/00751B，後來改為定期定額投資 BND/IEF）

20%：定存

【注意】退休人士的比例，可以參考，但不要完全照抄功課。

越是小資，越需要好好規劃資產配置！

1 避免沒有自信、不敢投資

　　只要想想，你並不是所有的錢都要投入股市吧？擔心的時候，可以跟我一樣定期定額慢慢投入股票，或是先從比較保守的債券開始投資，再慢慢加入股票的比例。

　　這就是一個依照你的心理狀態去調整資產配置比例的過程，在資產配置控制風險的心情下，訓練自己開始投資。

第 3 章

退休現金流（2）：把握機運！分散風險的投資工具

2 避免過度自信、忘了風險控制

也很多人投資失敗，就是沒有考慮到資產配置，當沒有風險控制的觀念，容易看到新鮮的話題就全部投入，2021 年 all in 航海股、2022 年初 all in 台積電、2023 年借錢投資長期債券、2024 年借錢投資 00940，即便可以等到長期翻轉，短期間也不好受。

怎樣衡量投資報酬率？ 4% ～ 6% 起跳最合適

可以每隔一個月、一季或是一年固定一天，把投資的標的價格登記起來，這樣每次可以和上一期比較計算報酬率。但是，實際上並不這麼簡單，因為標的有配息，而領到配息之後是馬上投入？或是用配息去買了別的標的？當有多個投資標的，也持有生活消費等各種用途混在一起的現金時，並不好估算。

最有保障的方式，就是按照指數化投資的方式，同時領到配息之後馬上再投入，就可以趨近表 25 中的長期報酬率。

但是，因為人不是機器，無法完美執行投資的所有教科書道理，**所以在預想累積退休金速度時，最好保守一點，採用比較保守的投資報酬率假設。**

有次看到有位長期執行指數化投資的年輕人上節目受訪，當他分享投資全球股票 ETF VT 以來年化報酬率 12%，結果在影片下面有留言這樣說──「12% 的報酬率就可以上節目了喔，說真的 12% 不多，不如直接全買台積電吧，要 ETF 就買 00916（國泰全球品牌 50），1

年 36%。」

但，那畢竟不是常態。一年 36% 不是每一年都會有的報酬率，並且 00916 只從全球萬間公司中挑選 50 間企業，而台積電更只是單一公司，**都是風險集中的投資方式**，和 VT 分散在全球近 1 萬間公司的風險分散性不同，更別說其實也不適合全部投入 VT，還要考慮股、債和定存的資產配置。

說出來更多人要不屑了，**美國知名財務專家蘇西・歐曼認為要保守點，用 4%～6% 的年化報酬率來做計畫比較適合**！因為世界變化很快，我們無法預料未來會如何，通貨膨脹會不會很嚴重等等的變數是我們無法掌控與計畫的。

而且別忘記，你是自己最大的敵人，避險基金經理人自己進出市場也可能年化報酬率只有 2.2%！而接下來，我們還要用這做儲存退休金的假設呢！

嫺人的理財摘要

- 決定一個適合你的資產配置比例。
- 設定好資產配置比例目標後，請記得每年或每半年執行第 1 章提到的再平衡，以免在股市上漲的過程中超過你可以承受的風險比重。
- 存退休金的目標報酬率用 4%～6% 保守估算，超標比落後的感覺好，萬一途中陰溝裡翻船，趕快把船扶正，繼續前進還可以跟上。

第 **4** 章

實作！
打造千萬退休金和
過好生活的現金流

退休要準備多少錢？
用 4% 法則和 4 個步驟估算

雖然在我的上一本書中,已經詳細說明過如何估算退休金要準備多少錢,如果再仔細說明,恐怕買了第一本書的朋友要翻桌了。

但是這一題似乎百問不厭,而在一本寫退休主題的書中,不提到這一點也不完整。因此,在這一本書中我就折衷做個重點摘要版,同時也把朋友提過的問題寫進來。

美國最常用來計算退休金的方式,是用「4% 法則」,也就是如果你一年需要 40 萬元的生活費,那就準備 40 萬元除以 4%,或是用小學數學把它倒過來,乘以 4% 的倒數 25,這樣都會算出來是 1 千萬元。

4% 是「初始」退休金提領率,也就是退休第 1 年可以花退休金的 4%,之後的年度再隨著通貨膨脹率提高可以消費的提領率。

請注意,4% 法則重要的假設是採用指數化投資做資金配置理財,

第 **4** 章
實作！打造千萬退休金和過好生活的現金流

詳細來說是美國標普 500 指數加上美國政府公債的指數化投資，美國晨星近年的研究，則在美國之外加入小部分非美國的國際股債，如果不是採用這樣的方式理財，或是以投資臺灣為主，這樣是否可以適用，其實是沒有經過驗證的。

不過，我覺得這還是一個不錯的參考方式，只是我自己在用的時候會比較保守一點，採用 2% ～ 3% 的初始提領率來換算。接下來就是一步步算出「我需要多少退休金」的內容。

步驟 1

退休費用預估：一年總花費多少

第 1 步是要預估退休後每年的費用需要多少，詳細說明可以參考《提早退休說明書》，退休前再請按照食、衣、住、行、育、樂、醫療等，區分為基本生活所需和生活風格所需來估算。我把表單放在＜附錄 3 ＞連結當中的工作表 3，請耐心一一檢視過；像是我退休後有不少意外的消費，例如牙齒，以及兒子的留學費用本來先生要出，結果我們三個人轉帳轉來轉去的，我也出了一些。

如果你距離退休還很遠，也可以先用主計處每年公佈的平均每人月消費支出做標準，上下加減試算，2022 年全台平均是 24,574 元，台北市是 33,730 元。

步驟 2

退休後的金錢來源：預估並把握安全的現金流

● **勞保、公保等社會保險**：你可以複習第 2 章的內容，或是直接到＜附錄 3 ＞工作表 2 連結到勞動部的網站試算，用預計工作的年數計算，預計可以領到多少的月退年金，考量勞保有財務危機的問題，可以保守點把勞保月領金額打 6、7 折計算。

● **儲蓄險、商業年金等保險給付**：如果你已經有很久以前投資的預定利率 4% ～ 5% 以上的儲蓄險，那真是恭喜夫人、賀喜老爺，可以把這筆金額在計算退休金時扣下來。

但是順帶提醒，如果手上的儲蓄險是在 2001 年之後利率大幅下滑時期投保的，那就要檢查一下你的保單，評估一下是不是還值得長期持有，像是 2022 年間通貨膨脹都曾經超過 3%，扣掉通貨膨脹之後，這些保單實際的利益並不高，而且錢還鎖住了。

● **打算持有到期的債券利息收入**：如第 2 章所說，這邊的債券是指美國政府公債，如果是投資等級公司債，其實不能視為絕對安全。

● **房租收入**：朋友中也有不少人是靠早年買的房或是長輩給的房，收房租支應退休生活的。如果有自住房以外的房，那當然退休金的擔心就會降低許多。

不過房租有斷租的風險，並不是普福教授定義中百分百安全的現金流，但又不過，萬一出租房屋不順還是可以賣掉變現，所以我想算入應該是無妨。這並無標準答案，就請讀者們自己斟酌看看。

第 4 章
實作！打造千萬退休金和過好生活的現金流

- **其他**

把以上加總，就是退休後安全的現金流來源。這邊我舉個例子說明，45 歲的上班族小美，預計 60 歲退休，退休後收入預估如下——

- **勞保**：考慮勞保改革的可能性，保守估計可以月領 1.2 萬元的勞保老年年金。

- **勞退**：2024 年 6 月在勞動部官網的試算工具試算，如果有一筆 200 萬元的勞退新制退休金，採用月退，並假設投資報酬率 3%，60 歲起領可以領 23 年到 83 歲，月退金額大約 1 萬元。

以上，每月共約 2.2 萬元屬於安全的退休現金流，每年合計約 26.4 萬元。（這邊假設小美 60 歲起領勞保老年年金，要注意，起領勞保、公保老年年金後，就不能參加國民年金，但若之前自己繳國民年金保費，仍可於 65 歲起領國民年金）

步驟 3

退休金目標估算：扣掉安全現金流，還要多少錢

延續小美的例子，假設小美預估退休後的生活費平均每月需要 5 萬元，除了食、衣、住、行，還包括每年出國一、兩次，一年共需要 60 萬元。扣除勞保、勞退可以領到的一年 26.4 萬元，差額是 33.6 萬元。

表 26 用不同的退休金提領率計算小美需要的退休金，積極一點可以用 4% 初始提領率計算，對於退休金理財很保守（例如股票投資比例很低）、很容易有不安全感的人，可以用 2% 計算。

【表 26】以不同的退休金提領率計算退休金

退休金提領率		所需退休金	
4% 法則原版	4%	33.6 萬元 /4% 33.6 萬元 *25	840 萬元
謹慎版	3%	33.6 萬元 /3% 33.6 萬元 *33	1,120 萬元
保守版	2%	33.6 萬元 /2% 33.6 萬元 *50	1,680 萬元

以美國的 4% 法則來說，是假設「股五債五」的投資配比，可以支撐 30 年的退休生活。而當投資理財無法完全按照股五債五的方式執行時，例如若投資內容較偏重台股 ETF，然而台股的歷史時間不夠長、不足以驗證 4% 法則是否也同樣適用，或是提早退休的狀況，退休年數比 30 年長；在這些情況下，以 3%、2% 的謹慎保守版估算較為適合。

這就是小美 60 歲退休時需要自己準備的退休金目標。如果是想提早退休，要更保守的話，勞保、勞退、公保都不要算入可能的收入，直接用需要的生活費去估算，畢竟提早退休後要面對的變數會比較多。

另外，也可以考慮醫療等狀況，由這個數字上再斟酌加上一筆額外的準備金，詳見〈附錄 3〉的工作表 3。

步驟 4

盤點資產，算出還需要努力的目標

盤點你現在有多少資產，從前面算出來的退休金目標減去，得到

第 4 章
實作！打造千萬退休金和過好生活的現金流

的數字就是你需要準備的退休金！

不過要提醒，如果你距離退休還很久，假設現在算出來需要 1 千萬元退休金，20 年後需要的退休金，也還是 1 千萬元嗎？

還記得第 1 章提到貨幣時間價值的觀念？假設通貨膨脹率是 2%，現在想說退休要有 1 千萬元，但如果要退休的時間是 10 年、20 年後，必須考慮錢會隨時間經過而變薄。20 年後要退休的人到時需要的不是 1 千萬元，而是 1,486 萬元。

現在想說退休後每年要有 40 萬元可以花用，20 年後需要的不是 40 萬元，而是 59.4 萬元，請使用＜附錄 3 ＞的 Excel 工作表 1 中的公式試算。

看到這裡先不要覺得壓力很大，趁距離退休的時間還夠久，多偏重追蹤大盤、注重總報酬的股票指數化投資，跑贏通貨膨脹 2%～3%，並不是難事。

嫻人的理財摘要

- 4 步驟試算退休金目標，面對它，現在就開始努力！
- 還是建議大家，最好採用 4% 法則背後的指數化投資方式理財，並避免只偏重投資台灣市場，確保至少跟上市場大盤的報酬率。

需要多少退休金因人而異,
拒絕社會給的洗腦廣告,
經常出國闖天涯誠然美好,
但用小錢也能得到美好的人生體驗。

2024 年 6 月　嫻人攝於義大利蘇連多

第 4 章
實作！打造千萬退休金和過好生活的現金流

退休金要 1 千萬元？！我直接躺平

臺灣和許多國家一樣，都存在著貧富懸殊的問題，有些人會覺得 1 千萬元很小兒科，但相信也不少人會喊說一輩子都不可能，直接躺平好了。

有 1 千萬元算不算是有錢人？

1 千萬元乍看是個不小的數字，但是如果有 1 千萬元，在臺灣算是有錢人嗎？根據主計處民國 111 年國富統計報告：

- 110 年底每戶的資產減去負債之後的淨值平均是 1,638 萬元，中位數是 894 萬元。
- 111 年底一個人平均淨值則是 688 萬元。

以 2022 年的時間點來說，1 個人能有 1 千萬元的總資產，在臺灣人當中你就已經超越平均很多了。

<u>不過，要有多少的退休金，取決於你想過怎樣的退休生活</u>，打算工作多久？要按自己的狀況去計算過，不要因為大家喊的數字而開始焦慮，況且，這本書接下來也想分享，有好幾個方向可以去努力。

影響退休金目標高低的幾個考量因素

那麼，有了 1 千萬元、2 千萬元，或甚至 3 千萬元，就可以退休了嗎？

在前面一節的計算中，影響你用 2%、3% 或是 4% 的初始提領率去計算退休金的因素，我寫在下面。

- **打算幾歲退休**：像是我自己因為提早退休，退休後可能的年數比較長，變數比較多，所以就比較保守估算退休金。工作愈久，則需要的退休金愈少。

- **打算用怎樣的投資理財方式**：我剛退休時，是股票占 30%，其他放在安全的債券和定存。在退休的前幾年，債券和定存的利率都非常低，嚴格來說只有不到一半的錢在為我工作，這是資金的浪費，可是對我來說，剛退休時實在做不下積極一點的投資。

每個人承受風險的耐受力都不相同，在股票上面的投資愈少，雖然可以不必短期內因為股災等因素而睡不著覺，可是拉長時間來看，投資的報酬率也會比較低，需要的退休金也會比較高。

第 4 章
實作！打造千萬退休金和過好生活的現金流

- **有沒有自住房**：有自住房，在退休金準備的壓力上就小一點，如果沒有自住房，在退休金的估算上需要更為謹慎。在講座中曾有人問我，「如果有好幾棟房子在收租金，怎麼算資產配置呢？」我開玩笑說：「那就謝謝今天來聽演講交朋友啦！」

- **你的理想退休生活**：也曾有年約 50 歲的網友問我，「有房子的話，是不是有 500 萬元就可以退休了？」會這樣問的朋友通常是遇到瓶頸、身體出狀況或是感覺上班很吃力等等的。乍聽我會覺得這個數字太樂觀，但是我也不能先入為主排除別人可以做到的可能性，這要看你想過怎樣的退休生活。

可以用 4% 法則盤算看看，這樣的組成，是不是可以做得到：

如果有 500 萬元，提早退休的話，起始提領率用 3% 計算，第 1 年可以用 15 萬元，後續年度再用 2%～3% 大約通貨膨脹的數字，每年調高生活費。

前提是這 500 萬元得要做好資產配置、穩健投資，如果用股六債四的配置、達到 6% 的報酬率，6% 的報酬率和 3% 的初始提領率中間的差額，是要保留在投資上，讓資產可以長大、對抗通膨的空間。

衛福部公布臺灣省 2024 年度的最低生活費，是每人每月新臺幣 14,230 元，低於這數字就是低收入戶的生活水平，1 年等於是 17 萬元。比起前面說的第一年可以用 15 萬元還會超支 2 萬元。可以知道這要超乎常人的節省才能達到。

如果到 60、65 歲還有一點勞保年金可以領，到時會讓消費舒緩許多，這樣 50 歲時自備 500 萬元也不一定不行，就看是不是可以做

到極度節省、穩健理財。當然也要祈禱上天不會讓退休生活中有大筆支出的意外。而另一個可以考量的，是透過換屋釋出一點退休金。

如果想過具有生活風格的退休生活，用 500 萬元來退休的風險是高的，但如果只求基本的溫飽，並且多利用政府的免費樂齡服務，也不一定行不通。

• **未來長照、遺產的安排**：許多人贊成破產上天堂，認為財產留給子孫、會讓子孫不成材，但我覺得這沒有絕對的因果關係。我個人是不會有刻意想把錢花光光的想法，倒不是說我會刻薄自己捨不得花錢，是我覺得也可以傳承給兒子量入為出、隨時保持有餘糧的身教。

再說，世界一直在改變，等我需要照顧的時候，是不是還有每月 3 萬元可以請到外籍看護的選項？我不想累及兒子的中晚年。如果和我一樣的想法，就得多準備點退休金。

• **個人心理面對於不確定性的容忍度**：如果對於未來的不確定性，傾向覺得兵來將擋、水來土掩，那樣就不需要那麼多退休金；如果和我一樣是常有「股災快來了」這種負面心理，就要很保守看待退休金的準備。這沒有對錯，因為每個人都是不同的。

綜合以上的因素，最主要是因為我是提早退休，我個人是用比較保守的 2%～3% 的初始退休金提領率計算退休金，以及控制每年的消費。

不要錯過開發自己能力的機會

不管是用 3% 或是 4% 來計算退休金，如果你覺得差距很大，這

第 **4** 章
實作！打造千萬退休金和過好生活的現金流

本書不是要安慰你說用「吸引力法則」正面思考就好了，但是《心流》的作者說到，「**我們目前擁有的心靈力量確實不如某些人期待的超能力，但它絕對擁有強大的潛力等著我們去開發**」。

危機就是轉機，這也是我在被退休時從憤世嫉俗的狀態中開始寫部落格文章，一直到有機會開創退休後新的人生曲線、開始寫第二本書的真實體驗。

不是傻傻相信「老天爺會保佑」這種舊時代的想法，而是不要自怨自艾，不要忽視自己、錯過開發自己能力的機會。

你想怎麼過不用上班之後的人生？

太拮据的退休生活還是盡量避免，但也不是沒有多少錢、人生就會過不下去。我記得有次搭計程車，司機一句「我們都活在廣告的世界裡」敲醒了我，他說「外面會傳說計程車專業駕照很難考，是因為這樣你才會上補習班」。

我們習慣看的成功人生案例，就是多金、多資產、能夠環遊世界旅行，很令人羨慕。這就是社會給我們的廣告，再加上電子媒體脫韁野馬般的訊息流通，人的價值觀變得很一致，如果人生最後達到這種終點就是成功，無法和別人一樣就會焦慮。

但難道擁有多幾間房的人、透過旅遊增廣很多見聞的人、在旅行中認識了有錢人開了眼界的人，就比租房子住、但樂在研究臺灣鄉土歷史而從未環遊世界的老師高竿一等？

剛退休時，我常去參加一次兩、三百元就可以的爬山活動，那些老師肯定沒常出國、沒吃高級米其林大餐去開拓眼界，你說他們不懂生活？因為沒有見到世界級的高第建築就眼光淺薄嗎？我看到的是他們熱情於推廣在地文史，活的不是寬度，而是人生的厚度。

有次去南部拜訪舅媽，她在感情好的舅舅離世後，兩、三年才慢慢恢復，她說現在過得很快樂，每週幾天到社區的樂齡學習中心上課，舅媽說一天只要 30 元，連午餐也包辦。舅媽還說，她也常會自己去走嘉油鐵馬道（中油舊鐵道自行車道）。

要包紅包給舅媽的時候，她笑著說現在日子很好過、不缺錢，除了表弟表妹不會讓她沒錢用之外，其實她自己也是「財務自由」的，因為早年隨舅舅做油漆工程，兩個人都有加入勞保，現在每個月勞保老年年金有 2 萬元可以領。

表弟一直想勸說帶舅媽出國玩，舅媽則說換地方就會睡不著，這樣出國不好玩、不要去，她再次強調，現在過得很好很滿足。舅媽的晚年的確過得很好，只要物欲不高，保養好身體，少少的錢就可以過充實的好生活。

雖然我們想到臥床的老人家覺得很擔心，但也並不是所有的人都會臥床花很多錢，的確是要謹慎準備，但如果都已經努力了，最後還是沒做到，那就放自己一馬吧！事情都不一定會那樣發展就開始焦慮，這是時間的「機會成本」，你可以把為還沒發生的事而焦慮的寶貴光陰，用來做當下更美好的事。

第 4 章
實作！打造千萬退休金和過好生活的現金流

如果存不到 1 千萬元，會怎樣？

其實，真的不會怎樣。日子還是會一天一天過去，不管你有 5 千萬元，或是 5 百萬元，人生最後的終點，都是一樣的老化和衰退。有錢人很多，但沒有 1 千萬元的退休族也多得是，大家都得照常過日子。

只是，退休對你來說會少點實現夢想的成分，要多些務實：

- 你得要有定力，保持比較低的物慾。
- 你得要有不容易為錢煩惱的個性。
- 你要有毅力、永不放棄。
- 你得很重視健康，不要有牙齒壞掉等狀況來消耗你的退休金。
- 保持彈性，年紀大點時還能去打工。
- 要穩健投資理財增加勝算，別覺得理財只是賭博。
- 和家人、甚至家族保持良好關係，也許有天你會需要他們幫忙。

嫻人的理財摘要

- 需要多少退休金因人而異，拒絕社會給的洗腦廣告，經常出國闖天涯誠然美好，但用小錢也能得到美好的人生體驗。
- 延長工作年限，讓雇主一起幫你存退休金。
- 穩健理財增加勝算。
- 發展第三人生後的工作，降低對退休金的擔憂，這也是這本書後段想分享的重點。

藍圖大公開！投資晚鳥也能達成千萬退休金

雖然說不要給自己無謂的壓力，但是人通常會想要奮發向上吧！設一個目標來努力看看。

假設 45 歲時存款一毛都沒有，可以怎樣累積到 1 千萬元？請看表 27 的千萬退休金規畫藍圖。這邊我們用不同的報酬率來計算，每個月要存多少錢才可以達到退休金的目標。表中分別列出保守、穩健和積極 3 種狀況。

4 大重點，讓 45 歲理財晚鳥存到千萬退休金

請注意，這個表上我只顯示每 5 歲，代表年齡的數字，中間年齡省略，請先不細看表中的數字。記不記得在第 2 章提到錢的價值會隨時間變薄，所以現在需要 1 千萬元，20 年後 65 歲時需要的是 1,486

第 4 章
實作！打造千萬退休金和過好生活的現金流

【表27】 45歲退休金儲蓄晚鳥的「千萬退休金藍圖」
（假設月薪6萬元，年薪72萬元）

年齡	儲蓄率 45%			可複利年數	年化投資報酬率		
	年儲蓄	月儲蓄	每月可消費金額		保守 1.725%	穩健 5%	積極 7%
					累積複利報酬		
45	324,000	27,000	33,000	20	456,141	859,668	1,253,778
50	324,000	27,000	33,000	15	418,755	673,573	893,926
55	324,000	27,000	33,000	10	384,434	527,762	637,357
60	324,000	27,000	33,000	5	352,926	413,515	454,427
64	324,000	27,000	33,000	1	329,589	340,200	346,680
					7,792,481	11,249,038	14,212,317

※ 最下列金額數值，為45歲開始投資後，在不同的年化報酬率之下，累積20年的總額。

萬元（假設通貨膨脹是2%）。如果可以每年有7%的年化報酬率，就可以很接近達到1,486萬元的目標。

上面這個表中有4件很重要的事，確實執行的話，晚起的鳥兒也能存到1千萬。

重點1　稍微超越同齡人的薪資

按主計處公布的2022年「工業及服務業各年齡薪資中位數」，40～49歲薪資中位數58.9萬元；50～64歲是54.8萬元。

如果我們用稍高於中位數，也就是月薪 6 萬元來試算，沒有這個收入，那就要去找收入；沒有人說存 1 千萬元很容易。若目前低薪並且沒有發展的可能，慎重考慮那些你也許看不上的工作，例如像是業務性質的工作，或是你沒想過的清潔工作，在本書的後段我會分享實際的案例。

重點 2　儲蓄率 45% 以上

最常見的儲蓄率建議是 15%，但是想達到千萬的晚鳥必須提高到至少 45%，用月薪 6 萬元計算，等於一個月要能存 2.7 萬元，剩下每月可以花 3.3 萬元（但是這還沒有考慮到稅、勞健保等費用）。

考慮通貨膨脹後，45 歲的晚鳥想要有千萬退休金，必須朝向每月存下 3 萬元努力。

重點 3　養好身體，能再工作 20 年

雖然不少人工作壓力來時「好想退休」就脫口而出，但要讓存錢的效果顯現，夠長的累積時間是很重要的因素。臺灣 51 年次後出生的人，法定請領勞保老年年金給付的年齡是 65 歲，晚起的鳥兒能夠如期用這 20 年的時間達陣也就是成功了。

重點 4　長期投資理財，並有 5～7% 的投資報酬率

如果錢只放定存，以 2024 年 6 月臺灣銀行一年期定期儲蓄存款固定利率是 1.725% 來說，依照表 27，20 年後大約能存到 779 萬元，

第 **4** 章

實作！打造千萬退休金和過好生活的現金流

大約是 1,486 萬元的一半。

因為我的試算是晚鳥必須工作到 65 歲，以勞保體系的朋友來說，雇主每月必須至少提撥月提繳工資的 6% 進入勞退基金；等到 65 歲時，累積出的勞退基金和自己準備的金額合計，就算你自己的報酬率只有 5%，只要穩定累積，也會很接近 65 歲時希望要有的 1,486 萬元，千萬退休金不會是癡人說夢。

如表 25 的歷史資料看來，如果可以堅持執行股 60%、債 40% 的穩健成長投資組合，應該是很有機會可以達到 6%～7% 的年化報酬率；而如果趁著年輕點的時候風險承受度高一點，提高股票的占比，例如股 80% 債 20%，長期穩定累積，就可以加速退休金儲蓄的速度。

只要現在就開始，絕對不遲

就如同有些酸言酸語的留言跟我說過：毫無新意，這誰不知道？

說起來容易、做起來難，但誰說 1 千萬元很容易？前面的段落說過，沒有 1 千萬元也不會怎樣，每個人的資源都不相同，有多少錢做多少事，在後面的章節也會分享離開職場後可以做什麼事，只要持續有收入，就不必害怕退休，人生來不就是來接招想辦法的嗎？

如果你薪水不錯，薪水本身就會複利成長，不用靠投資，光儲蓄就可以達到 1 千萬元。但對一般人來說，要存到千萬退休金，就是設定計畫，**提高儲蓄率、穩健的投資、並給它足夠的時間複利來累積**。

我分享完這些資訊之後，有個 30+ 的朋友跟我說她開始多兼一份

差了,雖然要月存 2～3 萬元真的有難度,上班之外兼差也很辛苦,不過她說想要努力看看。朝目標努力就增加了達成的可能性,會去想辦法的人都該激賞。

即便沒有達成千萬元的目標,也不要感覺太糟糕,4% 或 3% 法則是確保退休金不出錯的「安全提領率」,有可能運氣好,退休後投資市場順風順水,通膨也不嚴重,因此其實不需要這麼多退休金。所以,只要努力上到平均線以上,都該肯定自己的努力。

倒回去看上面的表,第 1 年硬擠出來的 32.4 萬元,經過 20 年(平均年化報酬率)7% 的年複利,會滾成 125 萬元,比起最後 1 年存下同樣的 32.4 萬元只剩 1 年可以滾為 34.7 萬元,那是 3.5 倍以上的價值!為什麼有一說是「最好開始儲蓄的時間是 10 年前,第二好的時間是今天」,既然錯過了 10 年,那就把握第二好的時間(就是現在)。

【表 28】不同年紀開始存退休金,每個月需要的投入金額

開始存退休金的年紀	考慮每年 2% 通貨膨脹後 65 歲時的 1 千萬元	假設報酬率 6%,每月大約需要的投入金額
35	18,113,616	18,000
40	16,406,060	24,000
45	14,859,474	32,000
50	13,458,683	46,000

第 4 章
實作！打造千萬退休金和過好生活的現金流

表 28 列出不同年紀起步朝 65 歲達成千萬退休金，每月需儲蓄的金額，讀者也可以使用＜附錄 3 ＞工作表 1 中的公式，依自己的狀況試算每月需要為退休金儲蓄多少金額，另，也可以利用工作表 2 中 MoneyDJ 的連結試算。

在前往這個目標的路上，每個月、每季登記一次進度，在退休金累積期，要看的是資產成長的軌跡，我自己以前投資的基金連債券基金都選擇不配息，放在投資上複利才是王道，**重點不是投資後月領多少錢，而是看資產成長的曲線**，今天就開始吧！

> **嫻人的理財摘要**
>
> - 晚鳥存到千萬退休金的關鍵：工作收入、儲蓄率、延長工作年數、穩定的投資報酬率。
> - 每月、每季檢視「資產成長的進度」，達成階段性目標時慶祝一下、給自己鼓勵。

不擔心錢用光的退休後現金流規劃

以為可以安心的 5 萬元配息收入，其實很危險！

想到退休後的現金流，就容易讓人傾向於高股息、金融股的投資。你應該也常常聽到這種說法，「如果累積到一個月有 5 萬元的被動收入，就可以退休了」。因為這樣，投信公司的廣告文宣愈來愈朝向這個人性的渴求設計，很容易讓人認為配息是固定的，一定會有的、會愈來愈好的。

可是，高股息投資和金融股的配息都並不是保證，想看看這樣的光景：如果有天躺在安養院裡動彈不得，只能靠著 0056 配息來繳安養院的費用，但是那年正好和 2010 年一樣，0056 沒有配息，而且那一年 0056 的最低價還跌到 20.91 元，低於 25 元的發行價。

又或是，投資了兆豐金，和 2023 年一樣，以為的 5 萬元股利，

只收到 4 萬元,而正好那年也和 2023 年一樣,是通貨膨脹很嚴重的一年,剛好收到安養院要調高費用的通知。

如果現在開始為了每個月 5 萬元的被動收入而偏重股息投資,一邊投資、一邊把配息當小確幸花掉了,結果是拖慢退休金累積的速度,而退休後的現金流也並不是穩定的。

社會保障現金流目標:
至少供應基本生活費的一半

回到第 1 章中引用普福博士的主張,要把握的安全的現金流來源是勞保、勞退、公保等社會福利制度,另外真正固定收益的來源是年金保險和政府公債。

我們就以一個實際範例來規劃看看,還記得上一節中現在 45 歲、打算 60 歲退休的小美?假設她每月需要的 5 萬元中,基本生活費占 4 萬元。

> 【目標】勞保、勞退(或公保)給付供應基本必須生活費的 50%。
> - 預估 60 歲退休時,勞保老年年金月領 1.2 萬元(考慮年金改革先打折計算),1.2 萬元除以 4 萬元,等於可以支應 30%。
> - 勞退假設累積到 200 萬元,假設年化報酬率 3%,可以領月退 1 萬元到 83 歲,這部分可以支應 4 萬元的 25%。

勞退要整筆領或是選擇月退，可以到時再決定，而也許你會問，月退只能領到83歲，那83歲之後怎麼辦，這部分可以由下一部分「機運型」、也就是投資的現金流來支應。到83歲時，投資也累積夠久的時間了，虧損的機率非常小。

有了2.2萬元，至少不至於落入中低收入戶的標準，也支應了基本生活費的55%。盡量延長工作年限，累積勞保、勞退的年資，讓雇主、政府幫你一起把退休的底子打好！

每個月的基本生活費還缺45%，也就是缺口1.8萬元，假設有達到千萬退休金，你可以將500萬元去購入第2章中提到的即期年金。如果是60歲投保30年保證期間的類型，大約可以年領22.5萬元，每月可以有1.8萬元。或是等退休時看利率的狀況，把這500萬元預算也配置一點在美國政府公債持有到期保本保息。

以上就是「安全第一」的退休現金流來源，在這範圍內的4萬元，可以放心支應基本生活費、不用擔心投資市場的高低起伏。假設你沒有存到1千萬元，**只要盡量工作到60歲，並且有500萬元，也可以架構起來一個安全的4萬元現金流**。只是當然即期年金和公債都無法抗通膨，這點並非完美。

請注意！勞保、勞退等，請自行到〈附錄3〉的工作表2中，上勞動部官網試算，以上只是範例說明；而即期年金、美國政府公債的條件，也視個人退休時的條件而定。

當可以一次領勞保老年給付、勞退的時候，請三思，一筆2、300萬的錢，不到一年就可能用光，例如買車或裝潢家裡，但切記這是退

第 4 章
實作！打造千萬退休金和過好生活的現金流

休後安穩生活的最重要打底防線，**別把長壽化的風險攬到自己身上。**

機運型的現金流來源，對抗未來的 4 大風險

假設到退休時已經累積到 1 千萬元，扣掉購買年金的 5 百萬元，剩下的 5 百萬元就可以更放心地放在股、債的資產配置上，讓資產長期成長，來避免 4 大風險。

- **對抗年金改革的風險**：雖然我們已將把勞保改革的因素考慮進去，保守估算，但還是要保持警覺心，保留一筆錢繼續隨時間增長作為備案。

- **對抗長命百歲的風險**：勞退月退只給付到 83 歲平均餘命結束時，即期年金的保證期間也有一定的年數，萬一活超過這歲數，之後的生活費，就靠養大後的股債資產配置退休金，從 60 歲到 83 歲還有很長的時間可以累積投資複利，長期投資 20 年以上虧錢的機率趨近於零，到時候支付尾端幾年的生活費應該不會有問題。

- **對抗通貨膨脹的風險**：年金和美國政府公債這些「安全第一」的現金流，對抗通膨的能力比較低，因此要另外準備一個口袋持續養大退休金、對抗通膨，像是電費漲價、物價上漲。

假設通貨膨脹率為 2%，60 歲時規劃的 22.5 萬元即期年金安全現金流，領到 30 年後、也就是 90 歲時，只相當於 60 歲時的 12.4 萬元。但另外保留的 500 萬元的機運型投資，假設年化報酬率為 5%，30 年後卻會長大到超過 2 千萬元！若考慮通貨膨脹 2%，大約相當於 60 歲

時的 1 千萬元。

- **大筆意外支出的風險**：不少人擔心退休後的意外支出，額外多準備預備金是一個方式，而投資理財也可以助我們一臂之力，隨著退休金長大，心理也會跟著強大！

高股息 ETF：注意一不小心就花太多的問題

一般高股息 ETF 大概都會訴求配息 6% 以上，假設這是你預算的生活費，有一桶金不動到本金，今年配 6% 夠用，若預期通貨膨脹率是 2%，明年得配 6.12%、後年得配 6.24%，按照通貨膨脹率一直乘上去，到 80 歲的時候，需要配出退休當初本金的 8.92% 才夠用。

但是這有兩個明顯的問題，一則就是得要期待投信公司每年規律地幫你加薪，但當然這是不可能的事。

二則是資產多的人，不必花到資產的 6%，還能保持餘糧可以再投入，即便配息沒有增加，也讓本金成長，因此，這對資產多的人來說不是問題。但是對於資金剛剛好的小資族來說，就會需要注意因為投資高股息 ETF 而導致退休後消費過度的問題。

前面提過股、債、定存配置後 4% ～ 6% 是一個比較安穩的報酬率假設。你能想像到了年紀很大的時候還 all in 股市得到 8% 的年化報酬率？連股神巴菲特的老師葛拉漢都不贊成，一次股災就會讓老人家很傷心。

如果有像前面說的那樣安排好基本生活費用的來源，剩下的資金

第 **4** 章
實作！打造千萬退休金和過好生活的現金流

放在高股息投資，只是支應享受人生的開銷，市場不好時就稍微減少娛樂開銷，少旅行、少休閒，也許還是可行的。但總之，以上是對小資族採用高股息投資的朋友的提醒，退休後要避免過度提領退休金。

4% 法則：依年度評估消費計畫

假設基本生活開銷的來源透過安全的現金流安排好了，現在你有另外一筆 500 萬元沒有動用，而可以持續在股債中投資，維持股、債年化報酬率 5%。從 60 歲開始採用 4% 法則（但這裡我們使用比較保守的提領率 3.5%），讀者可以使用＜附錄 3 ＞連結到工作表 4 試算，接下來每一年可動用多少：

- 第 1 年可以提領 500 萬元 * 3.5% = 17.5 萬元。
- 第 2 年可以提領 17.5 萬元 *（1+2% 通貨膨脹率）= 17.85 萬元。

後續年度繼續以通貨膨脹率類推算，這就是每年可以用來享受人生的錢，因為基本生活費已經安排好了，所以可以安心的消費，在 3.5% 的初始提領率下，這筆 500 萬元在 30 年後會略成長為 623 萬元，別想說你不需要讓這筆錢長大；別忘了前面提到，這筆錢也要用來對抗 4 大風險。而這 90 歲時的 623 萬元，以 2% 通膨折回 60 歲，其實是相當於 344 萬元。

美國的 4% 法則為什麼是 4%，而不是 6%、7%、8%？是因為這個法則假設股五債五，由於投資績效穩定，可以讓退休金提領四平八穩，而不是假設高報酬也高波動的 all in 股市，今天享用豪華大餐，明天可能就要喝西北風。而且從退休金提領太多，會讓退休金提早燒光，我們除了不想太早掛掉，也會很擔心活太久吧！那上面說的錢要怎樣從投資的組合中提領出來呢？

- 0050／006208 大約 3%～4% 的配息，其實很適合退休初期 3%～4% 的提領率。
- 債券 ETF 若不是遇上低利率的區間，也會有 3%、4% 以上的配息。
- 美股的 VTI 和全球股市的 VT 配息的確是很少，如果這部分配置比較多，是有可能是需要賣股。不過資產配置每年本來就要進行一次賣高買低的「再平衡」，賣掉一些投資保留生活費，在這時候順便就做行了。

根據你在「機運型」投資的資產配置的狀況，如果有佈置好基本生活費的安全現金流，而當年度想出國去玩、卻正好遇上股債皆跌，那就跳過一年不去、或是將那一年的計畫從「浪跡巴黎」變成「再見沖繩」也行吧！反正基本生活無虞！**保持彈性的動態提領率，投資好的年度則稍微提高到 5%，若是遇到熊市則降低到 3%，也是讓 4% 法則不破功的方法之一。**

第 4 章
實作！打造千萬退休金和過好生活的現金流

　　如果你不偏好年金、持有公債到期，而全部都是機運型的現金流，因為股市長期向上，只要持有時間夠長，原則上執行再平衡買低賣高的時候，應該是有獲利的機率比較高，在指數投資比較少的配息之外，再賣一點部位補充現金水位應不是問題。況且，**退休後應該要保留 2 年到 5 年生活費的現金，這就是要避免在投資虧損時必須賣掉投資的風險。**

　　也有朋友會問，「採用指數投資、資產配置很好，但是老後沒有人幫我再平衡，或是賣股票來生活，怎麼辦？」

　　這一點是很務實的問題，但是高股息投資也並非完美，**安排好安全的現金流可以支應基本生活所需才是根本的方法**，不管用哪種理財的方式，當老後果真意識不清楚，還是要有人協助管理帳戶讓錢花到該去的地方。

安養信託

　　前金管會副主委王儷玲經常在媒體受訪時推廣即期年金搭配安養信託的觀念，也就是把即期年金的給付，和銀行簽訂一個信託合約，由銀行按照委託人的指定從年金給付中交付給安養機構。我自己也會考慮到 65 歲的時候啟動部分退休金投保即期年金交付安養信託。

　　不過我對於安養信託的機制，還稍有疑慮，是不想因此投資金融機構也許想包裝進來的金融商品……嗯，好像也變成指數仔了。目前只有少數金融機構有明確寫到「年金保險」可辦理安養信託，我將連結放在＜附錄 3 ＞工作表 2 中供大家參考。

嫺人的理財摘要

- 安排好安全的現金流來源，讓社會保險和年金或持有公債到期支應基本生活費，底層打好之後，可以更安心消費及投資理財。
- 用機運型的股、債配置來對抗年金改革、通膨和長壽等風險，也讓退休後有更美好的生活。
- 年金、持有公債到期這些安全現金流，等退休後再來處理即可，退休前有人力資本，還是用機運型的理財、長期投資，為累積退休金爭取最大的勝算！

第 / 5 / 章

退休財務的 5 道魔王關

第 1 關　心魔，讓退休理財卡關的頭號敵人

到目前為止，我們已經把退休金理財需要知道的環節都走過一遍，順順地走過就能達標了。但是，每個人的心理素質不相同、家庭環境不相同，是不是可以順順地通過考驗？途中還有幾道關卡必須通過。

我不能說自己已經通過每一道考驗，畢竟距離人生的終點還有一段可長可短的時間，以下是和大家分享我自己也得要警惕的 5 道魔王關。

《致富心態》（*The Psychology of Money: Timeless Lessons on Wealth, Greed, and Happiness*）的作者摩根・豪瑟（Morgan Housel）說：「**好的投資不一定是做最好的決定，而是持續保持不要搞砸。**」只要堅持長期指數化投資、資產配置，降低搞砸的機率，至少還贏過市場上 80% 因為過度努力理財，反而很可能搞砸的人。

第 5 章
退休財務的 5 道魔王關

如果保守預估一個 5% 的年化報酬率，現在的 100 萬元在 10 年後會複利成長為 163 萬元，20 年後會變成 265 萬元。

但是，一定會有人這樣說：「嫻人，可是這樣理財太慢了，很無聊～」沒關係，以下我列出幾種常見的理財心態和方式，一起討論看看，哪種比較不會搞砸？

> 心態 1

看大家買什麼，就跟著買什麼

每一年幾乎都會有飆股，或是當紅的標的，大家一起拗一把。但是，並非人人都能剛好搭上順風車，因此我常聽到以下的幾個狀況：

- 在 2021 年重押長榮海運（2603）之後，反而持續下跌，從那之後不敢再投資。
- 2022 年跟著巴菲特一起買的台積電（2330），如果持有到 2024 年就可翻正並且大賺一筆，但是有些朋友就砍在低點，之後只敢定存。
- 2023 年的代表，應該是自 2022 年起預期 20 年以上長期美債會因為美國聯準會降息而賺一筆，因此就算借錢也要投資——結果降息卻遲遲沒有發生，這些資金錯過了同時間股市大漲。
- 2024 年的經典是 00940，不少人以為上市後會溢價、馬上

可以賺到，也是借錢也要買——但是溢價也沒有發生。

每次都「害怕跟不上（FOMO，Fear of Missing Out）」、覺得不買就錯過翻身的機會，但這些是不是真的都是好機會？為什麼看到有人賺錢，但自己跟著做的時候卻虧錢？

> 心態 2

密切關注國際事件、經濟消息，猜測市場

不少人認為，投資就是要掌握經濟趨勢。2017 年底我剛退休不久，很認真地去聽投資講座，主講的是那個投信公司的區域經濟專家，而專家看好中國基金，幸好那時候我雖然聽得熱血，但沒有申購。

那一年種種可信的跡象顯示中國的股市未來幾年會很好，但後來從 2017 年底到 2024 年 6 月底，中國股市 ETF（iShares MSCI China ETF，含息）虧損 30% 左右，而同時間，台股 0050（含息）報酬率大約 180%。掌握市場消息愈多，反而可能讓人虧愈多！

==其實為了退休投資，並不需要掌握市場漲跌，而是找到長期穩健成長的工具，然後以長期持有為目的，注重的是風險的控制，提高最後達標的機率。==

以為「這個消息錯不了」，但其實又常常內心不安穩，常常又問「這個能不能投資」或是「這個虧錢了，現在怎麼辦」。問題不是出

在你知道的不夠多,而是你知道太多沒有用的資訊了,心情上上下下,這是不是你想要的人生?

好幾位網友跟我分享,這樣認真研判市場趨勢,結果是以輸錢居多,「賺小賠大、停損停利,從始至終就是無法克服與改變,有時候看都懂,執行面就是操控不了。這就導致工作10年上下,還是無法存一桶金。」這是讀者真實的文字,他說因此開始定期定額006208和美債。

雖然增加總經知識讓人感覺財商很進階,但是,同一期的理財雜誌對於債券接下來的走勢,也會有幾位專家不同看法的文章,愈看愈多愈混亂,到底要聽誰的呢?

當網友來問我,「現在開始打仗了,要減碼公債嗎?」我回答「就做好資產配置,一年一次再平衡就可以了,不用觀察這些東西」之後,又覺得自己很沒學問,是不是該學一下占星術……?不過,在我讀過一大疊書之後,包括複習《投資學》的教科書,結論也就是這樣而已。

心態 3

設定損益,固定停利停損

我自己在退休前,也是進行基金的停利停損,的確虧的都是小錢,不過賺也是賺小錢。你可能會說,是我自己把停利點設太低了!不過,停利完之後,成本低的賺錢部位就砍掉了,再繼續扣款又是從頭開始,這也是問題。

我不批評別人怎麼做，無論什麼方式都會有人跟你說賺到錢了。

在投資基金的期間，我是沒有搞砸，不僅還完了房貸，還養大了兒子，意外退休後雖然不是大戶級那種財務自由，但是在有獵人頭公司找我時，可以爽快地說「我退休了」，為什麼？不是我弄懂了停利停損可以致富的方程式，那是因為我的工作收入還可以，加上我有高的儲蓄率，賺 1 萬元可以存 5 千元去定期定額投資。

但是，退休後我的確不想再這樣理財。在我閱讀美國晨星這些大型投資機構的報告、博士和教授們寫的理財規劃的書、或是美國證交會給投資人的提醒中，說到的都是一段時間執行一次再平衡，而不是說停利、停損。為什麼？

因為停利、停損，就好像在說「我知道接下來會跌，所以趕快停利」、「我知道會再跌更多，所以趕快停損」，但猜測市場是很難的事，再平衡和停利、停損雖然聽起來很類似，但是，**「再平衡」不是像停利那樣出場，而是處理超過的、不符合你的風險承受度的部位**。

市場上也有贊成停利停損的做法，你可以用 10 年賭賭看這樣會不會打敗長期持有指數化投資，但是我就不奉陪了。退休前我已經這樣做了至少 20 年，接下來不賭啦！

心態 4

害怕虧損，不敢理財

聽到長輩玩股票之後的淒慘經驗，或是自己過去犯過錯誤而不敢

第 5 章
退休財務的 5 道魔王關

再投資,在投資失敗過後,結果往往是非常的後悔、自責,甚至聽到別人在談投資的話題都會害怕,自動把耳朵關上。

投資的確可能有虧損,但是投資也是一門學科,有學者因研究這個專業領域而到得到諾貝爾經濟學獎肯定。聽到諾貝爾獎、投資學,可能會覺得有壓力感,啊,那麼難?但其實結論很簡單,對一般人來說,就只要了解指數化投資、資產配置,堅持長期持有,隨時間經過,10 年、20 年、30 年,虧損的機率就會逐漸降低。

害怕虧損?請閱讀第 3 章的表 24,**先預設當發生嚴重的股災,哪一種投入股市的短期跌幅是你的心臟還承受得住的,就定期定額投資那樣的股票比例就好了**。再看一下表 25,找到你的股債組合的對應歷史報酬率。當然要記得,過去不代表未來,不過,可以用這數字鼓勵自己拿出一點勇氣前進。

暢銷書《一年投資 5 分鐘》的作者「小資 YP 投資理財筆記」的站長,在他的網站架設了定期定額歷史回測的功能,感謝他的分享,讀者可以自行到他的網站回測,我把連結放在＜附錄 3 ＞的 Excel 的工作表 2 中。[2]

那麼,要如何設定定期定額的頻率?其實一個月一次就可以了。要設定多次也不是不行,但是沒有資料顯示那樣會更好的報酬率。

---

[2] 關於定期定額過去的歷史報酬率,我在第一本書中使用的是 MoneyDJ 理財網的數據。但後來其他版主指出該網站的定期定額數據有問題,這要跟第一本書的讀者說抱歉。但,好消息是,正確的報酬率比當時我引用的數字高。現在請參酌使用〈附錄 3〉的網址連結試算,但請注意本書無法保證其正確性。

193

不理財,就不會短期內搞砸,但是若不承擔風險,長期卻也是風險,不理財,就要接受通貨膨脹慢慢吃掉購買力的風險。

> 心態 5

用短期報酬率決定投資什麼

以投資的分散性來說,從高到低是如表 29 的排序,排名愈低的投資方式,表示風險愈集中,短期內可能有高報酬,但是也必須承擔比較大的風險。

【表 29】投資工具的風險度分散排行

排名	類別	代表性投資標的
1	資產配置型	AOA(股八債二)
2	全球股票型	VT
3	單一市場全市場	VTI、元大台灣加權股價指數基金
4	單一市場大型公司	美國的 VOO、台灣的 0050/006208
5	單一市場中小型公司	0051
6	高股息 ETF	0056/00878/00713/00940/00919
7	特定策略的 ETF 或基金	00916/ 摩根士丹利美國增長基金
8	單一產業	00929(科技)
9	個股	台積電

請注意，**表 29 的排序是概念性的，又會因為個別標的的選股方式而不盡客觀**。不過還是有助於釐清以下常見的誤解，例如：

✘ 做資產配置報酬率沒有高股息的 00713 好，買 00713 就好了。
✘ 投資 0056 比 0050 好。
✘ 投資台積電比投資 0050 好。
✘ 投資 00916 比投資 VT 好。

上面所舉的例子，比的都不是同樣分散程度的標的，也就是以上的舉例都不是蘋果和蘋果比，而可能是蘋果和鳳梨、甚至是蘋果和高麗菜來比。

諾貝爾經濟學獎得主哈利・馬可維茲（Harry Markowitz）的投資組合理論說到，「**分散投資是散戶降低風險的明智策略**」，只用短期看到的報酬率比較，就會因為短期內某些投資表現比較好而選擇它，忽略了長期穩健報酬、風險分散的重要。

心態 6

沒有量入為出，賺多也花多

最後一項和投資無關，和儲蓄的習慣有關。

都說存錢很難是因為薪水太少，可是，在日本有一個名詞「雙馬力夫妻（パワーカップル）」，通常是指年薪各自都有日幣 700 萬元

以上、比一般家庭收入高的雙薪家庭,這種高薪夫妻卻也經常出現存不了錢的狀況。常見的原因是因為不知道對方有多少錢,互相以為對方有在存錢,但是其實兩個人都沒有,並且都有比收入更高一階的消費習慣。

也有朋友跟我分享,因為一直以來高薪高消費,買東西是撐著面子、或是紓壓,並不是真的為了需要而買,到了接近退休年齡感到後悔。

我的讀者中有朋友跟我說,買了太多的衣服,參加了太多的課程(雖然我也受邀開課程,但是我贊成如果現階段的問題是存不了錢,應該先從存得下錢開始!),她開始刪減支出,多擠出幾千元,提高定期定額投資的預算,這是很棒的轉變。

嫻人的理財摘要

- 6 個退休理財上常見的阻礙,誰能克服這些問題?就是我們自己,**自己就是阻礙自己前進最大的敵人。**
- 你現在的決定,正在塑造 10 年、20 年後的你,沒有誰能說你不對,只有你可以為自己做選擇、也負責。
- 最後,和大家分享一位讀者給我的訊息——「我最近有個體認跟您分享,我覺得理財之前真的要先理心,確認正確方向後就紀律執行,三心二意想東想西,路反而會越走越偏,最後就是悔不當初……以上是我切身之痛。」

第 2 關　很現實、但又不敢想的老後照顧問題

常看到媒體報導「臺灣人身故之前平均要臥床七、八年」之類的新聞，年過 40、50 之後，當然也會擔心老後照護的問題。

我有幾張壽險、儲蓄險、住院險、手術保險，但就是沒有長照保險，並不是我覺得不需要，而是更年輕時沒有意識到老後照護問題的嚴重性，我當然不希望以後造成兒子的負擔，不過等到一個年紀之後要再投保，保費也不低。

這邊我用 2024 年寫這本書時市面上的一張保單為例，這是一張繳的保費可以當作身故保險金的產品。考量到請一名外籍看護每月總成本 3 萬元，因此投保 3 萬元的保額，以 45 歲的男性來說，一年保費約是 96,930 元，10 年期繳費共將近 97 萬元；女性比較長壽，同年齡的女性保費要 121,680 元，10 年期繳費共將近 122 萬元。

長照險投保前，先推演狀況、再評估誰可以拿錢

1 3 種狀況來推演理賠的狀況

1. 不符合理賠資格：以我母親為例，她是罹癌離世，走之前雖然病痛很辛苦，但是行動自如；而我的父親則是從醫生開立巴氏量表、同意進入需要看護的狀態不到半年，就過世了。扣除這種保險一般有免責期間 90 天，實際可以申請給付不到 3 個月，以我家父母的狀況，差不多是把繳的保費當成身故保險金留給晚輩。

2. 達國人平均臥床年數：以國人平均不健康餘命 8 年來看，包括「長期照顧一次保險金」和「長期照顧分期保險金」，預估可以理賠的長照相關保險金是 306 萬元。

3. 得到最高理賠：這張保險有設上限，最多可以給付 16 年，最多一共是可以領到長照相關保險金 594 萬元。

高資產族應該是不用擔心幾百萬元的風險；中資族是可以考慮；而對於小資來說，代價就是保費支出壓縮到退休準備的進度，最差的情況來說，就是兩夫妻退休金有相當高的比例押在這個險種上，結果最後用不到自己身上，而是留給了晚輩。

2 當不符合條款定義，但需要用錢時，解約可以拿回多少錢？

例如萬一是像我的母親一樣罹癌而需要用錢時，這個保單能不能解約取得解約金？雖然想到臥床的費用很驚人，但是現代人罹癌機會

高,有可能還沒臥床就先因為癌症而需要大筆支出。

我蠻認同保險專業前輩劉鳳和先生的看法,投保的順序上,以癌症險、壽險、意外險、住院醫療險、重大疾病／傷病險的優先順序,最後預算還有餘裕,才考慮長照險。

3 保險金留給誰？

在前面提到的「情況 1.」,因為理賠不到,就當是身故保險金留給小孩,感覺不會太虧。那如果是沒有孩子的朋友呢?這筆身故保險金有可以照顧到的晚輩嗎?

雖然台灣人偏好可退還身故保險金的險種,感覺有還本,但成本都精算在保費裡了,其實並沒有賺到。可以改投保不還身故保險金的險種,省下一點保費,或是將省下的保費用來買年金險、又或是自行投資運用,可以提高用在自己身上的比例,這些方案於後續說明。

還是擔心老後照護？長照險的 3 大替代方案

預算夠的話,有保險當然是比較安心,但是如果預算不足,仍然有其他替代方案。

方案 1　安全的退休現金流來源

當進入長照狀態時,也就沒有行動力去遊山玩水,在第 2 章提到那些安全的現金流來源,勞保、公保、勞退月退、商業年金、儲蓄險、

持有美國政府公債到期的配息等，就可以支付長照的費用。

當然這個方案的問題在於，萬一提早在還沒開始請領社會保險之前、或是還沒投保年金保險之前就需要長照，這段空窗期還是要自己的資金支應。

方案2　機運型的退休現金流

假設 45 歲女性將相當於每年保費 121,680 元的金額進行投資，每年報酬率 5%，到 65 歲時累積到的長照準備金約 260 萬元，而退休後如果有進行穩健的資產配置，按照 4% 法則量入為出，這筆錢即便在退休後還是會逐年長大，有個幾百萬元來支應長照應該可行。而長照臥床後也無法遊山玩水，只要有穩健理財的習慣，並不一定會需要另外準備一筆錢來支應。

方案3　有解約金的保單

還有不少人不知道，**有解約金的保單也可以解約出來使用**，像是終身壽險，只是要跟家人先交代好屆時的處理。

賣房子、或是以房養老

雖然退休金準備不夠是普遍的問題，但是自己購入房屋或是長輩贈與了房屋的情況卻很普遍。根據行政院網站國情簡介中「居家及都市發展」項下的說明，111 年底自有住宅的比率高達 84.6%，因此賣

房支付長照機構支出也是個選項。

嫻人準備的 5 道長照防線

而我自己則是準備了 4 道防線，用來支付長看費用。

- **第 1 道：勞保年金。**即便因為勞保財務問題不幸被砍，也不無小補。
- **第 2 道：勞退月退。**
- **第 3 道：即期年金。**考慮 65 歲時投保。
- **第 4 道：資產配置理財收入。**
- **第 5 道：壽險、儲蓄險還有還本型醫療險。**雖然當年投保了幾張不甚明智的保單，只好自我安慰以後有需要也可以解約來用，也就不能身後當保險金給兒子了。

看完這篇文章，也許會覺得我不支持買保險，但我是以一個 40、50 歲族群、必須兼顧退休生活準備和意外準備，加上有預算限制的情況下的不同角度評估。預算夠的話，什麼保險都買都是好事。預算不足的情況下，考慮多效合一的方式，專注養大退休金，這個目標達到之後，就不必太擔心長照的費用。

第 3 關　身為三明治世代，我容易嗎！

　　40、50 歲之間，就是所謂的「三明治世代」——父母可能讓你放不下心，孩子正是花錢的年紀，而配偶的職涯發展、理財方式，可能是加分，也可能是共業。幸運的話，家人是神隊友，但也有可能是傷害最深的那個人，也可能影響到退休準備。

準備 1
和父母的財務界線：公平留下紀錄

1 盡可能公平並且委婉地留下紀錄

　　曾經有位讀者來問我，兄姐來建議一起給父母孝親費，可是現在自己孩子正是花錢的時候，又想要存買房的基金，該不該因為手足的壓力一起給？

第 5 章
退休財務的 5 道魔王關

可以和父母談看看,**是不是真的有財務方面的困難?**如果不是有困難,基本上就是個人孝親心意。但也有另一個視角,就是為了避免日後爭議,是否可以協調出一個可以接受的數字一起給。

不跟大家一起給孝親費,有可能日後成為分財產時手足間爭執的點,例如「ＸＸ從來都沒拿錢回家,該分少一點」。雖然說民法有特留分等保護內容,實際的狀況是千奇百怪。

當父母年老時,**寧願花錢請看護,也要慎重不要回家當看護**,這是真實的考驗,不是人人都能夠獨自挺過單獨面對失智長輩不受控、或是長輩長期臥床的的黑暗歲月而從不氣餒。漫漫歲月,等走過之後,已經過了沒有自我的好幾年。

我的日文老師和先生回日本照顧失智的婆婆 6 年了,兩夫妻已經超過 70 歲,和小姑 3 個人接力顧一個老人家。老師說,有次婆婆感冒臥床不起幾天,得 3 個人合力才能移動其實體型瘦弱的婆婆。而當時以為婆婆可能會就此臥床,但後來又康復了,現年已經 95 歲。

長輩可能很長壽,即便自己 65 歲才退休,還是可能有照顧長輩的問題。盡量不要因此影響自己的勞保、勞退年資累積,因而最後只能期待著父母的遺產像天降甘霖。

蘇西・歐曼的《50+ 的退休規劃指南》中提到,美國人也有父母照顧的問題。她的建議是就算要回家當主要照顧者,**也最好和手足一起到律師那邊留一份「父母照顧協議書」**,寫清楚權利義務,其他子女應該要支付主要照顧者薪水,給予合理的薪水補償、一星期的假期時數、年休假等等;對於非主要照顧者來說,這樣做也可以避免主要

照顧者主張「自己付出很多」的情緒勒索。

當然，我也很清楚以上這些說起來容易，但做起來真的難。

2 父母的照顧費用，以父母本身的資源優先

==盡量用父母的資源去養老，盡量不影響自己的退休金儲蓄進度。==

例如父母如果有房子，是不是可以考慮大房換小房，或是辦理以房養老。在我父親最後的那段時間，就有考慮當父親的存款用完時，長期請外籍看護費用的來源，除了兄弟姐妹的退休金之外，還有另一個可能性是從房子取得可用資金。

3 父母的債務問題，直接諮詢律師

曾有讀者希望我可以分享關於償還父母債務對自己存退休金的影響，我不具有足夠的法律知識，當時建議讀者，==直接找律師以鐘點的方式諮詢關於身為子女該如何保護自己。==

而我和兄弟姐妹就曾因為父母財產處理的事諮詢過律師，一小時2千元，提醒到很多我們根本沒想到的事宜。

4 處理父母的投資宜保守

我那從不投資股票的父親到了80幾歲，才要我幫他也投資股票，那是他最後的一小筆錢，我當然沒敢答應。如果遇上父母理財方式太保守，有可能和我爸一樣無法對抗通膨，最後只剩下一點錢可以辦後事，萬一臥床時間超過時，就得要支用兄弟姐妹的退休金。經過這段

經驗，的確覺得有需要關心一下父母的理財狀況，畢竟是命運共同體。

進行之前一定要和父母及兄弟姐妹溝通並達成共識，即便父母年邁，已交由你管理帳戶，也要在父母同意的前提下進行，此外，**也要記得使用適合父母年紀的、較保守的資產配置**，而不是用適合你的積極投資方式。

準備 2

和子女的財務界線：以自己的退休金為優先！

1 避免支出父母自我滿足的學習費用

「2023 年保誠人壽的教育金準備大調查」的結果顯示，受訪家長認為，平均每位子女所需的教育金高達新台幣 459 萬元。

我只有一個兒子，費用粗估如下供大家參考。要先說明，因為我兒子就學的年代到現在物價又有上漲，考量「貨幣時間價值」，並不是今天的幣值。

首先，兒子國小讀公立、國中和高中讀私校、大學是公立大學。如果只計算交給學校的學費、校車費，到 2023 年大學畢業，大約是花了 200 多萬元。

成長過程中，保母費、私立美語幼稚園加上才藝班、語言學習等等，大約是另一個 200 萬元。而大學畢業後去英國留學，又是另一個 200 萬元。

兒子高二之前的費用由我支出，在我退休後，也就是高三之後由

我先生支出。如果知道有天自己會 49 歲時意外提早從職場登出，會不會節省一些下來投資理財，豐潤我的退休金？

當薪水不錯的時候，又只有一個孩子，難免出手會大方，但是，千金難買早知道，現在去算如果省下幾百萬元可以累積多少複利效果已經沒有用，現在也只能當過來人提供幾點事後心得，讓育兒中的父母參考。

國、高中念私校，事後想起來，結果雖然是好的，兒子也沒有像許多人說的唸私校變勢利或驕奢，可是，似乎也可以讓孩子自己想辦法在公立學校的環境中生存。

再說，兒子從小學鋼琴，不過現在數位鋼琴塵封在家裡變成一個置物桌面。當初讓他學琴，是聽說可以訓練數學頭腦；但是後來兒子數學還是一直補，就知道有沒有效。

如果重來一次，==我最不該押著兒子去學的就是鋼琴，更該做的是引導兒子探索興趣，而非按照我的意志。==當兒子有自己的聲音之後，其實這些花費就好像是打水漂。

語言學習我是覺得算是有用的，至於學科補習兒子不愛，所以只補了他很菜的數學一科，後來在大學指考時數學是考得不錯。不過，他也並沒有因此想讀熱門的理工或是商科，看起來他此生再也不想碰曾是惡夢的數學。

2　學費和退休金，哪個優先？

「以自己的退休金優先！」雖然在我的部落格這樣分享過後，有

朋友就說，他的父母把台北市大安區的房子賣掉供他們手足去美國留學，而後來他們也學有所成，把父母接去美國奉養；但是也有聽聞為了孩子出國留學，把台北的房子賣了去住桃園，但孩子不回國了，走路已搖搖欲墜的老父，後來總是孤零零一個人搭車從桃園到台北熟悉的診所看醫生。

我老爸以前幫我們負擔大學學費，輕薄了自己的退休金，所以後來我們就要上繳孝親費，一直到我退休的時候。幸好生了5個孩子很保險，不然退休後的生計就麻煩了。

寫這本書的時候，正好大學住宿費調漲的議題討論熱烈，三明治世代的壓力不輕，當和退休金準備產生排擠的時候，讓孩子申請學貸、或是讓孩子去打工吧！

3 成年子女、甚至孫子費用的預防對策

從我退休後，就注意到不少人有資助成年的子女，我自己也有兒子，寫這本書的時候，他即將出社會工作，所以很警惕。親友間聽過的資助項目如下：

- 房子、或房屋頭期款、貸款每月還款、房租等。
- 車子。
- 出國旅遊的費用。
- 女兒生產住坐月子中心的費用。
- 孫子的保母費和教育費。

- 孩子創業的費用。

不只是臺灣，美國和日本也有這些狀況，我在日本的新聞上看過，因為想支持薪水不多的成年子女、甚至是孫子的學費，有的人直到退休後一個月有 40 萬日幣的年金，還是喊著不夠用，因此感覺我的退休金危機還沒有解除，以下幾個警語和分享，和大家共勉之：

- **避免在孩子面前出手太大方**：孩子是看著父母長大的，看著寬裕的父母，多少會預期既然父母付得起，所以想繼續依賴父母，過著超過自己能力可以負擔的生活。

- **進行投資理財家庭教育**：曾有一位網友寫信問我，該如何教小孩理財？

有位網友曾分享，從小就讓孩子看他如何將壓歲錢等小錢積少成多以及複利成長，讓我汗顏！還有另一位網友和大學的孩子分享 4% 法則量入為出的觀念，真是超前部署啊！

- **讓孩子從小練習控制收入與支出**：從小給予一定數額的零用金，教導孩子如何控制，如有花超過預算以外，就應該要控制欲望，避免成為孩子的提款機。我的理財教育說實在做得很少，不過兒子上大學後，我讓他申請信用卡附卡，每月和他討論衣服或電動等娛樂開銷的占比，藉此說動他省下錢定期定額投資 0050，凡走過必留下痕跡。

- **萬一已經陷入，儘速立下界限**：如果成年孩子依賴父母的習慣已經養成，立即抽掉資助，孩子可能無法立刻因應，可以給一點緩衝，談好一個定額，講清楚超過之後，孩子得自己想辦法了。

第 5 章
退休財務的 5 道魔王關

已經不只一次聽到朋友說，雖然已經屆臨退休年紀，但還是想延長工作年資來贊助孩子，內心承受著應該幫孩子更多的壓力。林則徐的家訓說著：「子孫若如我，留錢做什麼？賢而多財則損其志；子孫不如我，留錢做什麼？愚而多財益增其過。」但許多人無法做到，包括我也要面對這個考驗，一旦給孩子後，就拿不回來了，自己要保留後路之需。

準備3
夫妻間的財務界線：
自己要有規劃，也要知道對方的

1 當夫妻彼此財務獨立

我家是夫妻財務各自獨立，我和我先生接力負擔家用。因先生創業需要現金流，我退休前是我主要支出，到我退休後，才轉由先生接手家用和兒子的費用，我則負擔自己的費用。有人說我退休應該沒有衝擊，因為可以靠先生，但其實我在退休前負擔主要的家用，退休金是少一塊的。

我和先生不知道彼此有多少錢，我是很謹慎管理自己的退休金，希望先生也有。我會經常提醒他，「要準備好自己的退休金喔」，以免出現日本「雙馬力夫妻」，彼此都以為對方有在存錢的尷尬狀況。

2 當夫妻共用退休準備金

聽過幾次這種故事，先生退休後、操作股票虧錢，於是跟已經做家庭主婦很多年的太太說「家用要從 5 萬元減為 4 萬元」；太太聽到在高通膨下還要縮減家用，加上不知道先生的投資到底會如何處理，非常不安。先生在家總是心情不好，太太因為沒有自己的錢，想出去工作，卻已經離開職場很多年。

或是像這樣，夫妻感情一直很好，但有天先生外遇了，留下一直是家庭主婦的太太，從沒有理過財。

女人很容易成為退休規劃中的弱勢，我總是會勸女性們，不要把專業家庭主婦當成夢想。說到夫妻間的財務，最不該給別人建議，因為每一家的狀況都不相同，但是我覺得不管是各自獨立或是共用一個池子的錢，**各自保有獨立的能力和空間，也是家庭的風險分散**。

3 當其中 1 人提早登出人生：壽險怎麼選？

最後一項提醒是在退休金累積階段的壽險保障，萬一在這階段中夫妻有 1 人提早從人生登出，對家庭財務的衝擊勢必相當大：還沒付清的貸款、未成年子女的教育費用、維繫家用的所得來源等等，都建議納入設定保險金額的考量。

在低利率環境下，盡量選擇純保障、保費也較低的定期保險而非終身壽險，省下的保費專注於儲蓄和理財，養大退休金。

嫺人的理財摘要

- 父母的養老,盡量以父母的資源進行;手足之間牽涉到錢的事,考量當下就白紙黑字存查,避免日久後惹爭議,反而傷感情。
- 當然,壯大自己不倚賴父母的資源,並且胸懷大度,完全不要介意,也是種修養。
- 對子女,除了學業教育,養成經濟獨立的準備更為重要。
- 夫妻之間財務安排沒有公式,但是保留各自獨立理財的能力,對女生很重要,畢竟女性的平均餘命高於男性,需要獨自處理財務的可能性是更高的。

第 4 關　有了房子，會不會拖垮退休金？

自住房能不能算入退休資產？

關於以上標題，最有名的論述應該是《富爸爸‧窮爸爸》作者 羅勃特‧清崎（Robert Toru Kiyosaki）所主張的「自住房不是資產」，因為你住在裡面，當要用錢的時候是不能從房子敲下來用的，然後還要負擔房貸、維護費用、水電費、稅等。

羅勃特‧清崎認為，貸款還沒還清之前，你欠銀行錢，房子是銀行的資產。就這一點來說我是同意的，如果把房子算入資產，還沒清償的貸款加上未來還沒付的利息，要放在負債的那一邊。至於其他稅和水電費等等，我的日文老師在東京的房子，光房屋相關的稅一年就要繳 100 萬日幣。臺灣的稅和相關費用比較低，感受比較不深刻。

清崎先生說，很多人說房子是資產是因為房屋會增值，但他認為這是賭博，看 2008 年金融海嘯期間房價跌多慘就知道。不過那是美國

第 5 章
退休財務的 5 道魔王關

的狀況,當年臺灣的房市並沒有受到太大的影響,而且在 2024 年寫這本書時的臺灣,應該也很難感受,政府打房、房價還是一直漲啊～!

雖然清崎先生說的有他的道理,不過,以臺灣目前的相關費用狀況,當最大宗的貸款逐漸還清時,似乎也能是退休資產吧!即便是美國人說的「空有房子的口袋富翁(House rich, cash poor)」,當擁有一間房子,退休後需要用錢時,也可以從自住房釋出可以使用的退休金。像是:

- 房子賣掉,搬去更便宜房價的地區,當然當台積電所到之處房價都大漲,這個空間愈來愈小了。但,行動力強的話可以搬去別的國家。
- 房子價格夠高的話,賣掉去住養生村,還可以擠出零用錢來花。
- 可以辦理以房養老,或是在利率還低的時候,可以貸款出來進行投資。(雖然必須警示,退休後資產配置就要保守,不比年輕的時候可以積極投資賺取高報酬,熟齡人士已經沒有夠長的時間可以冒險)

如果還沒有買自住房,中年後要買嗎?

雖然清崎先生認為房子不是資產,不過他說的意思並非要大家別買房子,畢竟住在自己的房子裡也是種享受。而且我覺得,即便同意自

住房不是資產,但是租房的話,未來需要付的租金也是負債。這一題實在很難有共識,不過以務實面來說,40、50 歲不比 30、40 歲有比較長的人生可以轉圜,有幾個面向對於中年過後買房特別需要慎重考量:

1 年齡和工作性質,是否有能力支付 5 年以上的貸款?

民國 110 年最新的「房地合一稅 2.0」,為了打房而對短期套利者加重課重稅,買房要考慮是不是可以正常繳房貸 5 年以上?不然就要繳 35% 的重稅,甚至如果是只持有 2 年以內,稅率還會高達 45%。

2 家庭成員能分擔嗎?

萬一有需要時,家中有工作能力的成人兒女,或許可以一起全家群策群力繳房貸,但如果小孩的工作也不穩定、或收入不高的話,還是要謹慎評估靠自己的力量繳貸款的持續力。

3 資產配置,避免風險過於集中

如果在買下這間房子之後,幾乎沒有其他可以用來投資理財的資產,那要考慮風險過度集中在一間房子上的問題。

像是多年前,有朋友買到林肯大郡的房子,又像是 2024 年花蓮地震中倒塌房屋的受災戶,就有人貸款還沒還完,這時如果身邊沒有其他的資金,並且已經年過 45 甚至 50 歲,現金流的隱憂就會浮現。如果考量到中年過後要更安心的情況下買房,也許是有「兩桶金」——也就是一桶買房、一桶可以理財運用的時候,才考慮進行。

4 預算控制：總貸款不超過月薪的 3 成 5

美國有總貸款（包含房貸）支出的 35% 法則，也就是所有貸款還款支出不要超過月薪的 35%。在申請貸款時，銀行也會做一些評估，不過可以先自我評估過，買房並不一定對每個人、每個年齡都是最好的選擇，別讓買房的壓力壓垮每一天。

房子是不是抗通膨的好投資？

有朋友問，房子是不是抗通膨的好投資？因為實在不喜歡股市的高低起伏。雖然清崎先生認為，期待房屋增值是在賭一把，不過近年臺灣的房屋飆漲，很難否定它抗通膨的能耐。不過，我的幾位朋友在退休後把出租房賣掉了。投資房屋到底可不可以對抗通膨？可以從兩個角度看：

1 房子出租，可以收多少錢？

我有朋友把出租房賣掉，是因為 2023 年升息後雖然臺灣升息幅度不高，但是貸款支出增加還是有感；並且，**在貸款的寬限期過後，房租收入用來支付房貸已經捉襟見肘。**

即便房貸已經付清，也有的人面臨房子出租收益率低到大概 2%，因為分母房價漲很多，房租收入沒有同步增加太多。我的好幾位朋友都說他們佛心，很多年沒有給房客漲價。如果這是退休後的現金流，有可能是沒有跟上物價上漲的幅度。

2 房價是不是上漲？

房價漲上來的部分的確是可以對抗通膨，像是台積電所到之地，房子都得用搶的。說了很多年少子化、不看好臺灣房市，不過，房價還是一直漲。房產穩賺不賠是許多人的共識，我無法預測房市，不過的確也有運氣問題，在地震頻繁的臺灣，房屋的風險仍是存在的。

如果用資產配置的角度，<mark>還是建議搭配股債資產多元配置，避免資金全部集中房地產，是比較均衡的做法。</mark>

至於房屋投資那些流程，看房、找銀行辦貸款，房子買好要裝潢，還有要把家具就定位，房屋出租後續維護問題，房客遇到的各種水電問題、颱風漏水、夏天冷氣壞了等等，或是更倒楣遇上了奧客，就看個人有沒有心思處理，而現在也有包租代管的服務可以外包，也是一個處理方式。

有人問過我，股債配置有按照年齡、風險承受度配置的規則，那如果有出租房的話，要怎樣評估適當的配置比例？

資產配置的討論大幅集中於股債配置，關於房產，常見的建議是不超過個人淨值的 25%～40%，把房子包含進去計算一下，多數人應該會發現自己太過集中於臺灣本土，這樣可以做為提醒，在股債投資的部分，可以適度分散到全球其他市場。

被買房耽誤的退休金準備

這是三明治世代很普遍的問題：「房貸占薪水的一半，另一半支

付小孩學費和生活費，每月可以支配金額只有一～兩千，該怎麼為未來退休金規劃呢？」

我思考的方向是這樣，如果到孩子結束學業和貸款還清之前，沒有可能增加收入，那也就只能晚幾年再開始存退休金。**1、2 千也是錢，就慢慢開始吧！**等這些都負擔完畢，例如 50 歲開始，設定 15 年的計畫，在 65 歲前完成一個退休金目標。**而到時至少勞保、勞退、公保等，也會由政府幫你一起累積一些了。**

倘若 50 歲之後退休金累積不如預期，也可以考慮前面說到幾種方式，將房子的價值釋出作為退休金。

現在兒子去到英國留學，他的法國同學 18 歲就離家獨立，到英國留學的學費是自己賺來的。讓孩子申請就學貸款、大學之後讓孩子去打工，讓自己盡快啟動退休理財的規劃。

嫻人的理財摘要

- 自住房也可以是退休資產的一環，三明治世代如果因為房貸和家庭開銷無法同時為退休金儲蓄，先不必過於擔心，盡量開源節流，待老後再思考將房屋變現的方式。
- 中年後買房，要考慮工作的穩定性、貸款占收入的比例，買房不是每個人必須一定要的選擇，盡量、但不要當成唯一的方案，讓人生保持彈性。

第 5 關　天哪！沒想過會面臨的中年失業

　　我當年順風順水的時候，完全沒想過有天會失業，而它就這樣降落在我身上；而當我淪陷在「被退休」的低潮時，也沒想到有天可以侃侃而談這件事。中年失業不可怕，只要了解它、面對它、重整自己的狀態，然後就要放下它、向前走。

兩次失業經驗，感受大不相同

　　「失業」這件中年人擔憂的事，已是社會一部分人必須面對的常態。我在研究所畢業後一直待在外商金融機構，待過的 5 間外資公司都已經退出臺灣，當中一家是併入本土集團之下。而最後一個工作，面試我的老外老闆則早已在更早的組織異動下離開臺灣。

　　第一次失業是 30 幾歲的時候，那次是外資把我們整個公司賣掉，

所有人都被資遣,那時候年輕、行情好,拿了資遣費休息 2、3 個月,就有朋友幫忙介紹工作了,是一次好戲收場的失業經驗。

第 2 次就是 49 歲離開職場這次。當時因為外資撤出,變成純本土公司之後,開始被檢討外商體系時比較高的薪資,公司內部瀰漫著減薪的低氣壓。

當我知道有同事被找去談,並且和人資談好一筆錢走人之後,我請同事幫忙去問人資,可否我也比照辦理?後來在媒體上講到這件事,有網友質疑,做到副總還要人家幫忙問?那是因為人資並沒有主動來提,我是不該知道有這種談法的,因此才會透過同事探探口氣,這樣也是協助人資加速處理這件不愉快的事吧!

沒有公司有義務養員工一輩子,而作為勞方的我們,也別還有那種傳統的「忠誠度」、「黏著感」,拿一分薪水就要同等付出是一定要的,但是隨時幫自己的老後做好打算,才是聰明的事。

不要否定被退休的自己

在我的讀者中,也有和我當年一樣的暗黑版退休者。在最終被迫離開職場之前的一段日子,一定有些徵兆:在公司內部被邊緣化、重要會議沒有收到通知、被要求不合理的份量的工作、不是正常合理的績效檢討而是被用冷言冷語否定「你來做也沒有比較好!」,或是不私下溝通,而是當眾直接羞辱等等,無非是希望公司不必付出成本就讓人自己走路。

這往往造成員工內心受到很大的創傷，出現憂鬱的症狀並不少見。

我有追蹤一位日本的部落客，他和我一樣在 49 歲時離開職場，在寫了幾年的部落格之後，他關站了。

他在關站前最後一篇文章提到，在職場上經常被交辦超過負荷的工作量，然後被用難聽的話批判工作品質，感到自己一無是處，內心的創傷一直到退休後過了幾年並沒有復原，他說：「身體生病可以治療，但心生病了，就很困難。」這篇關站的文章中，還特別提醒讀者要注意心理的健康。

但是我要說，即使心生病了，也可以治療控制，我娘家的爸媽在生前都長期服用抗憂鬱的藥，讀者若有這樣的困擾，務必不要覺得無藥可醫。

我離開工作之後也有想過，怎麼會搞成這樣，表面沒事、但蓄積到半年後大哭兩星期。不過，雖然在職場最後一段時間麻煩事不斷，但我沒有因此懷疑過自己，順利了 25 年，在第 26 年踢到鐵板，我不會因此就給自己畫叉。

我沒有機會給這位版主發個訊息他就關站了，退休之後更加真心覺得，人的價值和工作成就並不劃上等號。

預防突然失業，平日就要有所準備

並不是偷懶的人才會失業，就我退休後接觸到有類似經歷的讀者，多半有優秀的學經歷、且本來備受重用，所以當發生時，常常受

傷很重，甚至有的人和我一樣，從沒有想過為退休早做準備。

所以，不管現在是否平步青雲，平時就做好突然失業的準備，非常重要。

準備 1　了解錢都花到哪裡去了

首先，把花費區分為 3 大類：1. 活下去的必須消費，2. 可有可無的消費，3. 保費、房貸等支出。

以我 2023 年退休後記帳顯示，用來生活的開銷，占每月開銷的 64%，其他是學習、娛樂等等用掉的錢。如果你能夠做這樣的紀錄，就會對於生活開銷的組成有概念，遇到危機時不會慌張，馬上會知道哪些支出水龍頭可以先關掉。

準備 2　隨時備好一筆緊急應變金

知道（1）所提到的生活必要消費後，上班族要保留至少 6 個月生活費的緊急應變金，像是 COVID-19 蔓延的時間遠超過預期，如果愈靠近 50 歲，保留 1～3 年的生活費也不為過。這樣可以避免當意外失業又遇上股災時，必須認賠賣出投資的風險，甚至進行中的定期定額，也盡量可以不要中斷。

準備 3　知道現在資產和負債分別有多少

每月要檢視個人的資產負債表，可以參考我在上一本書中的說明，我也把表格附在＜附錄 3＞工作表 5 當中。

有位朋友在 54 歲意外被資遣時，手上除了自住房，還有間剛買才開始付貸款的房子，手邊沒有什麼現金，當下是很慌的。

進入 45 歲之後，建議把還清貸款作為第一優先。雖然因為臺灣長期低利率，股市又連年多頭，「開槓桿」去投資變成一項「這才是有財商」的理財流行，不過如果你的行業不穩定性比較高，還是應該檢視財務的優先順序，把「無債一身輕」作為優先努力的目標。

準備 4　掌握住理財的目標和差距

即便距離退休的時間還久，每一個時間點都應該清楚自己的理財目標，退休的準備目標是多少？現在是處於有餘裕可以暫時休息沒問題的階段，還是一有狀況該馬上去找下一個工作？

準備 5　檢視理財的習慣

雖然我在退休前因為忙碌，採用的基金停利停損理財方式很沒有效率，但是因為薪水扣掉生活費必須之後，馬上轉入定期定額投資的習慣，讓我不會賺多花多，至少還是把錢留下來的。

準備 6　斜槓的準備

我退休以前就想過經營部落格當興趣，但總是以工作為優先，現在想起來就是太傳統的「忠誠度」。

在工作期間培養興趣，探索副業作為收入的來源，加上學習穩健的理財，是公司對我們沒義務的時代，很必要的自我保護。這點也將

在下一章的內容中進行分享。

與公司談判時的提醒

雖然可能有公司會勸員工「自願」離職，對於介意「非自願」離職的人來說也許會覺得也是比較好，不過非自願離職的資遣費，其實對於退休準備是會有助益的，建議用健康而務實的心態面對。

平常就該了解勞保和勞退這些應該得懂、但太多人不懂的制度。像是退場的時間如果在年底，高薪者的全年薪資加上超過免稅額的資遣費，可能會讓人多付一筆錢給政府（詳細規範請見＜附錄 3 ＞工作表 2 中財政部的連結），有朋友後來來訊，謝謝我在部落格文章中的這項提醒，讓他少繳了稅。

工作績效務必有始有終，別留下話柄，甚至是不良的書面紀錄，如果還需要工作，最好還能商請公司對於下一個工作的推薦。

如果因為績效問題而被資遣，務必找出真正的問題，保持好聚好散的好態度，避免下一個工作時再次發生。

建議離職前去做個體檢，特別是當有過勞的狀況時，離開職場之後就生病的情況時有聽聞，如果還在職時發現身體有狀況，也許公司能給予一些額外的補助。

被資遣後要修正的 2 大理財決定

決定 1　理財方式，要先轉為守勢

當遇上資遣的時候，如果不是能很快找到工作，建議如果有獲利可以部分先落袋為安，保持比較低比例的股票投資。雖然可能錯失上漲的機會，但是萬一市場下跌又沒有新的收入時，心情一定不會好受。

我在退休前幾年一直保持相當比例的定存，也是我能比較安心的原因。當然這也還是看個人心理面的風險承受度，只是一項提醒，並沒有標準答案。

決定 2　資遣費慢慢投入，避免陷阱

退休之後看過好幾個把退休金投入像是虛擬貨幣等投資，一瞬間就虧光的案例，一定要小心這樣理財的陷阱，不懂的東西千萬不要躍躍欲試，太多人看別人重押跟進而栽跟斗。

重拾信心，規劃未來

當年經過思考之後，我選擇不再繼續工作。不要看我現在很好，剛退休的時候歷經一段自我懷疑的困惑，感覺自己的職涯比同年齡的人早夭，很失敗。後悔是不後悔，但在摸索未來可以做什麼事的過程中，也感覺失落，像是社會的旁觀者。

第 5 章
退休財務的 5 道魔王關

當然,錢準備得不夠,即便中年之後被資遣,還是要找工作。不要太快放棄工作的可能性,不要自我設限,當然最好能於還在職、感受到任何(可能會被異動的)蛛絲馬跡時,就積極、主動地去接觸其他工作的可能;就算中年(被)離職之後,找工作的困難會增加,我有朋友被資遣了 3 年後還是找到工作了。

嫻人的職場人生建議

- 放掉傳統對工作的黏著度,要認真工作,但同時也要經營「自己」這個人,開拓其他收入的可能,理財和副業的能力都很重要。
- 美國詩人卡爾・桑德堡(Carl Sandburg)曾說過,「人生像顆洋蔥,一次剝開一層,有時就燻到眼睛流淚了」;挫折的時候可以哭一下,但也別忘了把洋蔥做成一道好菜!

2024 年 6 月　嫻人攝於義大利聖天使城堡

退休金沒準備好，
別輕易離開職場。

第 / 6 / 章

主動收入和被動收入

還沒存到 FIRE 的錢就想退休？

各位讀者們，你在工作的每一天，是不是這樣的？

主管愛開會，每天過了下班時間後，才能真正開始「上班」。下班回家已經想躺平了，還是接到 Line、email，而且十萬火急！

主管有問題不好好跟你談，但是背後跟同事數落你，甚至公然給你難堪；辦公室有小圈圈，偏偏自己就不屬於那個讓老闆言聽計從的圈圈。

又或是，你的確深受賞識，但也能者多勞，工作就都你來統包吧！每天回家頭一沾枕頭就睡，隔天再拖著疲憊的身心出門，日復一日。

心好累、但一定要懂的辦公室潛規則

那些工作要努力、能者多勞之類的長輩鼓勵文，我就不多說了。

第 6 章
主動收入和被動收入

有次在外國的網路的論壇上,看到一則很有意思的〈職場暗黑規則〉,我加上自己的心得稍做改寫。其實,不管哪一國的職場都一樣——

- 如果你很安靜,老闆會覺得你太沒想法,但是如果表現得主動積極,同事會討厭你。而有時候你的老闆也會希望你笨一點,別搶了他的風采。
- 不可以晚到,更不能慣性的遲到。不過太早到的話,可能也有人覺得你居心叵測,讓人有威脅感,可能會被說「不過是送完小孩上學沒事做才提早來,而且早到還多用了公司的水電冷氣」。
- 不要誤把同事當朋友,別掏心掏肺。也許不會每個人都這樣,但是總有人的下限會嚇你一跳;權力和利益,是對人性是很大的考驗。
- 在職場上不要抱怨,有人可能明著聽你說,暗地裡看好戲,甚至加油添醋、廣為宣傳你的抱怨。
- 雖然我們被教育要真誠,但真誠的人不適合上班,上班的時候大家都得戴上專業的假面具。
- 即便有時候你是對的,也得接受老闆、同事認為你是錯的,不要多做爭辯。

職場中年都有機會遇到的鬼故事

對於前面說的，盡量延長工作年資、讓政府和雇主一起幫你存退休金，也許有人想要吐槽我：「嫻人啊！你自己都做不到、49 歲就被退休了，還勸別人別輕易提早退休！」的確，我不是個九命怪貓的好例子，不過，**有時候反面的教材反而是明鏡。**

以下就來揭秘我當年為什麼沒有辦法撐更久，而為了寫這篇文章，我也拜訪了幾位朋友，把我們的經驗提供給讀者參考。特別是當是進入管理階層之後，這些狀況或許有天你也會遇到。

這不是教戰守則，因為每個職場的狀況都不一樣，只是希望中年遇到類似職場危機的人也可以莞爾一笑，原來別的地方也是一樣，也許你可以輕鬆點看工作，讓工作和身心靈之間平衡，別凡事太認真，或許能拉大你對職場的耐受力。（對以前的我自己喊話～）

1 薪水太高的前朝遺老：老闆換血的擋路人，不炒你炒誰

新老闆來的時候，可能會想要來一輪新將換血，這時候你可能變成麻煩的前朝遺老。努力拉近和老闆的距離不一定都有用，有時候是因為你年資太久、薪水太高，有時候是則因為你剛好擋到老闆想要佈局的人事位置。

有光環的位置容易有人搶，如果有這種情況，通常不會太樂觀。（翻翻前一章的內容，現在就做好面臨突然退休的準備吧！）

第 6 章
主動收入和被動收入

2 有時認真的反而就輸了：做事的同時要懂得察言觀色

我是屬於工作很認真的人，有次公司做過某種人格測驗，測出來說我的能量水平（energy level）是超級高，就是假設公司出了一個很爛的產品，我還是會想各種角度激發團隊思考，努力把商品推出去的那一類；即便到了通路那裡被臭罵一頓，我還是會很冷靜；連以前的老外老闆，都說我具有「韌性堅強（resilient）」的特質。

當你的位階不是很高的時候，沒有第二句話，認真就對了，但是隨著資深的程度增加，事情就不再是耿直的一線條。

對其位置有一定程度安全感的老闆會喜歡認真的員工，因為使命必達；就算沒有達標，有自信和肩膀的老闆也知道公司有其限制，勉強不來。因為老闆自己位置穩，所以也可以有空間欣賞員工的認真。

可是當老闆自身難保到很危急的時候，就要看狀況了。

你的認真也可能會是他不希望看到的，特別當你被認為不是他的「自己人」，因為這時候需要有人看起來有點蠢笨，這樣才好交代：公司營運不是很理想，不是他的問題，是某些員工的問題，公司需要重整——「重整」是一種很好的緩兵之計。

有次我曾被一位老闆找去交代，「不要太認真」；又有次去到合作的公司，不知道為什麼對方突然脫口而出，「嫻人，你們公司沒有你不行啊！」我尷尬得直冒冷汗，老闆就在旁邊，八成認為是我去安排對方講給他聽的。

如果你想讓一個人加速滅亡，就當著他老闆面前、把功勞用最誇張的方式歸於那個人就對了。

認真可能讓你上天堂，也可能讓你下地獄，請放下過多的責任心，==過了 40+、50+，工作一半是做事、一半是察言觀色，該如何拿捏這些力道和分寸==。有時候睜隻眼閉隻眼，反而能夠撐到比較久。

3 道德感的考驗：不認同公司策略，要忍嗎？

我的小學同學 M 看到我上電視後，前來相認，這才知道幾十年不見，原來我們竟然有很長一段時間同在金融業。

M 在金融海嘯前是分行經理，連動債、高收益債銷售成績非常好，後來 2008 年金融海嘯下來，看著客戶的虧損，承受很大的心理壓力，夜夜失眠。在一波優退當中，她舉手自願，42 歲就離開職場。

聽同學這樣說，我心有戚戚焉，在金融業常有這種道德感的靈魂考驗。

在銷售投資型壽險給年長客戶的時候需要特別注意，因為年紀的關係，危險保費扣很高，沒有注意的話，預扣愈高，保單會停效。印象很深刻的是，有位同事信誓旦旦，「沒關係，我會幫客戶看市場狀況，注意他的投資績效」，其實沒有人能保證別人不虧錢，重要的是讓客戶知道投資的是不保本的東西。

為什麼這些人可以存在？很簡單，因為有關係，所以沒關係──他有後台，而到後來這位同事也離職了。

我自己在 2008 年金融海嘯的時候也遇到過，銀行理專跟我說，要出場的時候會通知我，事實上沒有人可以預測市場，而且後來理專也離職了，並沒有通知我。

第 **6** 章
主動收入和被動收入

我是屬於沒辦法有太多灰色地帶的個性，和我同學 M 的情境雖然不相同，但是後來都離開了那個行業。要不要因為道德感離開？甚至要不要去做吹哨人？也有幾位網友諮詢過我。

現實是殘酷的，**中年轉職代價不小，如果退休金還沒存夠，忍一忍**；除非那個狀況要你蓋章簽字，不然就先裝作沒看到，讓問題自己去浮現。如果因為道德感要離開工作，很多地方都可能有這問題。

如果你是好人，何必把工作讓給壞蛋？吹哨人經常沒有好下場。我這樣說可能是太沒有是非正義，助長苟且的惡習；不過，職場求生需要的不是正義感，而我這篇文章也不是要上一堂公民與道德課，而是分享如何「延長職涯」、賺到你該賺的退休金、讓公司一起幫你累積到足夠的勞保、勞退金。

那一把道德的尺要怎樣衡量，只有你自己可以決定，我能給的提醒和建議，**就是要吹哨前請做好準備：先存好退休金**。

要工作到幾歲？先考慮自己可能活到幾歲

我要離開工作的前幾年，有時會把辦公室裡發生的紛擾跟青春期中的兒子分享，也藉這機會讓他感覺被當成大人一樣被諮商，以拉近親子關係，兒子聽完之後說，這很像阿嬤在看的閩南語連續劇。

當然不是每個職場都是這樣充滿張力、這樣戲劇化，更常見的離開職場的原因是工作量太大、身心無法負荷，必須離職照顧家人等等。

我相信大部分人是可以順利工作到 60 歲、65 歲的，而在高齡化

的社會下,「延長工作年限」是所有先進國家都在面對的問題。根據 2023 年世界經濟論壇網站上一篇文章的資料顯示:

- 日本現在 22 歲的人,可領全額年金的年齡是 65 歲,但實際上是平均 68 歲退休。
- 南韓規定年齡是 62 歲,但實際上是平均 66 歲退休。。
- 中國規定年齡是 60 歲,但實際上是平均 66 歲退休。
- 美國規定年齡是 66 歲,實際上是平均 65 歲退休。

【表 30】提早退休和一般退休年紀的勞保老年年金給付比較

年資	起領年齡	勞保老年年金	和上帝喝咖啡的歲數				
			75	80	85	90	100
【有 25 年年資時提早退休】							
25	60	14,198	2,555,640	3,407,520	4,259,400	5,111,280	6,815,040
25	65	17,748	2,129,760	3,194,640	4,259,520	5,324,400	7,454,160
【在一般年紀時退休】 *預設 25 歲開始累積年資							
35	60	19,878	3,578,040	4,770,720	5,963,400	7,156,080	9,541,440
40	65	28,396	3,407,520	5,111,280	6,815,040	8,518,800	11,926,320

※ 資料來源:2024.6.30,以最高投保薪資 45,800 元並假設 68 年次出生者,依勞動部網頁試算。

第 **6** 章
主動收入和被動收入

你可以看一下表 30 中，在提早退休和正常退休的情況下可以領到的勞保老年年金的數字，如果長壽化是一個趨勢，決定自己要幾歲退休的時候，還是計算一下吧（可以看表 30，也可以到＜附錄 3 ＞工作表 2 點進勞保局的試算連結試算）。

常常可以看到幾歲開始領勞保比較划算的討論，其實關鍵是在「你會活到幾歲」，問題沒有人知道答案。假設 68 年次的小美，正在煩惱幾歲退休比較好，我們用最高投保薪資來試算：

• **提早退休**：如果小美在 50 歲時有累積到 25 年的年資而提早退休，最快可以在 60 歲請領減額年金 14,198 元；而如果在 65 歲才開始起領，每個月可以領到 17,748 元。

2022 年統計，女性平均餘命是 83.28 歲，這樣的話小美選擇 60 歲起領比較划算，可是如果小美長壽活到 85、90 歲以上，就金額上看起來會是選擇 65 歲才開始起領比較高的月領金額划算。

• **一般常見的 60 歲退休**：這樣能為「安全退休現金流」打比較好的底子，一個月可以領到 19,878 元。

• **法定的 65 歲才退休**：這樣更可以月領到 28,396 元。不過，當然要以健康的身體為前提，從表 30 可以看到，萬一 75 歲就和上帝喝咖啡了，為了錢而工作也只是造福後人而已！2022 年男性平均餘命是 76.63 歲，注重健康對於男性來說更為重要。

嫺人的職場人生建議

- 職場黑暗面和潛規則，在許多公司、甚至國家都一樣，我們沒有特別倒霉。如果對於退休金感到焦慮，更應該要想辦法延長工作年限。
- 在撐不下去的時候，拿出勞保、公保等年金試算一下，我知道這些社會保險制度的財務問題，但還沒發生的事，也別先假設對你沒差。
- **別以為穩定的工作一定沒問題，就賺多少花多少**。意外地，來和我分享職場暗黑的讀者朋友當中，大家以為他們捧著鐵飯碗的公職人員不在少數。長期工作超時、面對民眾、甚至是處理國賠案件的壓力，有些人遇上給人莫大精神壓力的長官，也只能去看身心科，不一定能輪調；這些朋友都和我分享，還好年輕時就有儲蓄理財的習慣，不管待下或離開，心理上都保有選擇權。
- 雖然分享了一些職場暗黑，但是，**有時候等一等、緩一緩，情勢會改變**。我的讀者裡面就有好幾位後來跟我說，他們又留下來在原地工作，而且是主管換人了。

2024 年 6 月　嫺人攝於義大利
前方圓頂建築是梵蒂岡聖彼得大教堂

要認真工作，
但同時也要經營「自己」這個人，
開拓其他收入的可能。

中年職場危機時，可以嘗試的 6 種選擇

如果你覺得理財實在是太可怕了，看完這本書也絲毫無法建立你的信心，可是萬一有天中年離開職場、再也找不到和以前一樣薪水的工作，怎麼辦？

那樣，開拓第三人生的工作，也是一個選項。

當然，各行各業都有眉角和辛苦的地方。除了我自己的經驗，為了寫這篇文章，我也訪談了幾位朋友，以下給大家一些現場報導，關於萬一中年職場危機後，可以做哪些嘗試，又可能有哪些問題。其中幾個項目，我在寫給網路媒體的專欄中也提到過，而「中年離開職場可以做什麼」的問題，也是開設部落格以來熱門文章的前幾名，剛好趁出書的機會列出更完整全面的選項，希望能提供給大家作為參考。

第 **6** 章
主動收入和被動收入

> 選擇 1

社群媒體意見領袖（KOL）：
部落格版主、YouTuber、Podcaster

如果你有特殊的專長，像是自助旅行規劃、攝影、手作、歷史等等，可以跟我一樣架一個部落格，把畢生的經驗記錄下來讓別人參考，順便賺點零用錢。例如對攝影有興趣，可以分享攝影作品，順便推薦或是開箱相機及週邊配備。

以我來說是因為過去在金融業的經驗，所以就以退休生活和退休理財這兩大主題來經營。我不希望為商業化而商業化，以我這種自命清高的路線，大概是寫到了第 3 年才開始有一點很小的收入。不過，當然也有成功的流量變現的例子。

因為自己親身的經歷，所以這個項目我把它寫入下一篇歸類於我在退休後的被動收入，作為本書最後一篇文章分享。

> 選擇 2

取得專業證照後，把興趣當工作

1 導遊、領隊

我在退休後也去參加了幾個專業證照考試，取得英語和日語的導遊和外語領隊執照，想著可以用我的語言興趣當工作，很好奇想嘗試看看。

成為外語導遊的過程有些辛苦，要經過導遊國家考試，通過後再

去考試院參加外語導遊口試。那時抽到的題目，是超幸運的簡單題：「日月潭」和「臺灣水果王國」，接著還要出席 98 小時的導遊職前訓練，最後還要再接受結訓口試。領隊的職前訓練則是要寫一份行程規劃，我那時被分配的題目是「京阪神 5 日遊」。

取得英語、日語導遊執照後，入門者可以去帶外國人一日遊的套裝行程，有的旅遊平台有九份、野柳等等一日遊的路線，經常開團。那時候我興致勃勃，面試通過也簽了約，可惜後來 2020 年 COVID 疫情來了，打斷了我的嘗試。

在我結訓完畢之後，有幾位年紀比我大的同學都真的上線了，如果自己有台車，也可以開車載外國客人去遊玩。

至於領隊是要帶國人出國，難度比較高，菜鳥中年人比較不容易得到機會，不過如果有人脈，也不是不可能。讀者 A 跟我分享經驗，她拿到領隊執照後，朋友給她一個團，遇到非常好的客人跟當地導遊，一切都很順利，但是她覺得自己不夠有活力跟熱情，也缺乏控制全場的號召力；另外，她喜歡自由，但是帶團可不能自己大買東西，也不能隨心所欲的吃喝。

我想起來之前有另一位導遊，是媒體業被裁員後、40 幾歲轉行做日語導遊，她說「日本客人在涵碧樓裡面優雅用餐，我在外面吃便利商店的微波便當」，要有十足的熱情，才能放下身段。

2 心理師

退休後因為經營部落格，偶爾有學生來請我幫忙做學校的功課，

當中竟有一位是知名的前主播靳秀麗！

秀麗從在電視台工作的最後幾年，感受到數位化的浪潮，就開始思考萬一職場危機後能做什麼？果然，最近有看到 AI 生成的主播了！**很多人擔心職場危機，但多數人只是擔心，卻很少像秀麗這樣採取行動**。想到我當年感受到職場危機時，也只是記帳、節省一點而已，完全沒有想過要採取一些積極的作為來把自己預備好。

在高壓的工作下，秀麗到研究所進修心理學，總共用了 4 年的時間取得學位，當中還進行了 1,000 多個小時的實習，之後又花一年 K 書，在 2023 年通過心理師的國家考試，可以開始執業！以靳秀麗的人生經驗加上幾年努力下來的專業，心理師是再稱職不過的工作了。

3 運動教練

我有朋友離開職場後，原本只是為了身體健康而去學習皮拉提斯，後來對這項運動產生興趣，進一步去考取了皮拉提斯的國際認證，成為了皮拉提斯教練。

4 保險經紀人／代理人

我在退休初期的適應期中，以密集考試來深度遺忘空虛感，除了導遊、領隊，也去考了產險和壽險的保險經紀人的國家考試，雖然現在還沒想好能做什麼，但是萬一有需要時，就能用得上。

我在大學時代友系法文系的朋友立靜，中年遇上家變，本來是手上有好幾棟房的貴婦，後來得要變賣掉，並且因為家人身體出狀況，

她得出去找工作。

第一份工作找到的是法商的法文秘書,以為外商公司薪水比較多,但其實普通,月薪4萬元。立靜說,那時孩子在唸書真的很需要錢,正好家裡有人生病時用到了之前投保的保險,她和她的保險服務人員關係不錯,對方問她要不要嘗試業務工作,對家計比較有幫助。

放下貴婦的身段,立靜第一年拼命從親友行銷開始,做得很投入,第二年業績清淡,但是隨著服務的口碑傳出,第三年、第四年,接連得到保險的百萬圓桌肯定,後來貸款買了房。這一年,立靜55歲。

我問立靜,好幾次聽到保險從業人員說,現在保險很難做,佣金很低,她是怎樣辦到的?立靜說,她不強銷商品,而是瞭解客戶的需求,像是有客人房子很多棟,那就有透過保險規劃資產傳承的需求。

不去抱怨生命給的折磨,把傷痛轉化為契機。

5 原工作相關專業證照

W50歲黯然退出職場後,做了許多的嘗試,下面的段落中她還會出現。在找尋第三人生的工作上,她很有好奇心、非常有行動力,其中,她延續以前職場上的專業,通過專業證照考試,後來進展到受邀去大學演講,成為講師。

> 選擇 3

以專長和興趣,成為老師

鑽研一件事情幾年之後就可以教別人,我也沒想過退休後研究自己需要的退休理財和退休生活安排,怎麼會成為書籍作者、還成為退休規劃的講師。

1 利用專長變成老師

如果語言能力不錯,可以考慮語言學習平台的線上教學。我是語言學習的忠實學生,在通過日語 JLPT N1 之後還是持續練習口說,後來家裡來了照顧婆婆的印尼看護,我也開始找印尼人學印尼語。

因為這樣我對線上平台比較關注,發現 COVID-19 疫情之後線上教學的種類更加豐富多元,課程不止外語,有財金系學生開理財課,數學系學生開數學課,也有知名小兒科醫生斜槓開給父母的一對一課程。此外還有唱歌、心靈療癒、職涯輔導、攝影等等,有許多項目都能開課。

2 鑽研興趣變成老師

從還在上班的時候就可以開始準備,鎖定一項專門的興趣來學習,以後有機會,可以去像是「104 高年級」的平台或是社區大學申請成為老師,類別包括導覽、才藝、烹飪、顧問等等,五花八門。

我拿到導遊執照後沒有成為導遊,但是成為傳統建築、在地文化

等課程中認真上課的學生，因此有機會近距離觀察老師們。我有位老師是先去學植物，還先去擔任講解植物的志工，後來離開職場成為老師；還有一位社區大學的老師本來的職業是裝潢，後來鑽研農村文化，還為此去觀光研究所進修。

在以上 2 個選項中，還有很多類型的證照我沒有一一列出，而這 2 類中年職場危機的選項，其實有一個共通點，那就是要有工作以外的興趣。的確，賺錢很重要、工作要有好表現很重要，但不要讓工作成為你人生中唯一重要的一部分。

誰知道呢？或許有那麼一天，這些閒暇之餘的消遣，會成為幫助你度過難關的重要關鍵。

選擇 4
經營小生意

1 開店

我有朋友退休後，開了一家專門去日本找精品來銷售的小店，雖然初期虧損，但是隨著口碑經營出熟客，後來開始賺錢了。她說真的多虧有這家店，不然退休金很可能早就燒光了。

2 線上賣場

我有位讀者曾留言分享，說退休在家悶得慌，於是和先生一起開起線上賣場，既有事做、又有不錯的收入，也是一種自我肯定。

第 6 章
主動收入和被動收入

3 代購

我退休之前在職場上的好夥伴 Amy，曾經獨自遠征大陸，帶領上千人的業務團隊；後來因為長期操勞，乾眼症一直無法解決，不得不離開喜愛的業務管理工作。

退休後，她開了一家日系拼布手作小舖開班授課，那時我才知道，原來 Amy 學拼布已經有 20 幾年的歷史了，而且她還有「日本手藝普及協會」本科、高等科的證書！

後來因為房東想回收她的店面自用，在危機當中，正好有朋友帶她進入日本代購的領域。那位朋友因為做代購，不但還清臺灣的房貸，在日本也買了房，所以，Amy 又有新工作了！離開職場後，也可以很有生命力！

選擇 5
付出時間就有收入的 6 種工作

1 帶小孩

如果你喜歡小孩，可取得「居家式托育服務登記證」，為國家栽培未來的主人翁盡一份心力。我以前的同事退休後就帶了兩個小孩，也有朋友遭遇退休金被詐騙，但天無絕人之路，後來夫妻倆一起幫人帶小孩。

2 照服員

考取照顧照服員證照，可以陪伴及照顧老人家，如果勤奮接案，每月能有不錯的收入，況且又是一項助人的工作。在經過長輩的照護階段之後，我對於照顧過長輩的每一位照服員，都是充滿感激。

3 服務業店員

玉華經過幾個失敗的嘗試後，找到自己喜愛的品牌，成為無印良品的排班門市服務人員。她說，店裡也有其他工作資歷很優秀的退休人士，彼此成了志同道合的朋友，雖然打工薪資不高，但頗有榮譽感。不過玉華提到，即便是打工也還是職場，是職場便代表同樣也有職場的人事相處必須要調適。

前面提到的成為大學講師的讀者 W，剛退休時曾在料理店打工。料理是她的興趣，也可以解決離開職場後的勞保年資延續問題，老闆娘對她不錯，但是她後來還是離職了。一方面是經常要搬 20 公斤的麵粉，雖然才剛 50 歲，還是感覺對體力是個負擔，另一方面是她也想花更多時間在發展專業證照領域上。

4 警衛、警備人員

日本 2022 年統計，日本警衛中有 33.1% 是 65 歲以上的高年級生，甚至其實 19.2% 是 70 歲以上了。這些高齡者並不是全來自於社會底層，也有不少是生意失敗或是中高齡失業的白領階層。

5 家事服務員

朋友 50 歲時因為技術被淘汰,不得不離開職場,本來想進軍「居家收納師、家庭整理師」的領域,但一直無法入門,於是她先進了清潔公司,從打掃的基層工作開始做,公司一小時收 600 元,她只分到 250 元,做到手都粗了、看起來就知道在做苦工。但是,用心做了一段時間後,客戶中也出現信賴她的鐵粉,她常去打掃的幾個有錢人家直接點名她服務,打掃一天的薪水三級跳成 6 千元。

6 職業司機

我有次在台中搭計程車,60 多歲的司機先生跟我說,他從職業軍人退休十幾年,小孩都長大了,在家裡悶得慌,決定出來開車;營業額一個月能有 10 ～ 12 萬元,扣除 3、5 成的成本,既有不錯的收入,又可以出來兜風兼聊天。

有時候工作的價值也不是完全用金錢來衡量,同樣也是在台中遇到的 40 多歲的司機,他說營業額沒有那麼多,一個月大約 9 萬元,不過,離婚後開車和陌生人聊天而不是禁閉在家裡,治癒了他的憂鬱。

後來,讀者 A 小姐也和我分享了她試著去當司機的過程,不過……「原本想要自由,但是開車一點都不自由。女司機要找廁所很不方便,或是客人訂車,要提早看好路況跟門口是否可以暫停汽車等等,限制比想得還多得多呢!」

選擇 6
重回職場再出發

1 嘗試不同行業、體驗人生

前面提到嘗試當領隊的 A 小姐，也曾嘗試做了旅行社的業務，她與我分享重回職場的心路歷程。

「旅行社承辦要扛責任，機票姓名打錯出事，都是承辦自掏腰包，才發現在原來的行業真的是被保護的很好，其他行業不止付出勞力、還要面對各種風險。而進入不熟悉的行業，要厚臉皮到處問，找師傅學習。旅行社業務要有業績，免不了要跟朋友宣傳自己，賣行程給朋友也要熱心講解，還得顯示自己很罩，若朋友跟我買，從他下單到出國，直到返家前，他的各種疑問，我都要待命。」

A 小姐經過一年離開原職場，嘗試各種工作的大驚奇之後，還是決定回到職場。但是這一年讓她開拓了視野，也改變了看工作的心境，對各行各業更多了一份尊重和感激。

A 小姐還提出一點，我非常有共鳴，**「做慣了上班族，要更換工作，思維跟行為模式都要大改，還加上很多恐懼」**，非常直白，但這也是我開始經營部落格之後在體驗的，每次做新的嘗試，都是在行銷自己和克服恐懼。

2 公家機關的職務代理人

我認識一位 60 多歲的朋友，憑著在社區大學上了多年的植物課

程，因為這個專長和興趣，得到機會去擔任公家機關的職務代理人。

3 回到原產業

遇到中年職場挫折，先不要斷定自己年事已高、找不到工作了，我有好幾位朋友即便過了 50 歲，停機兩三年，後來還是回到職場去，甚至做得比先前的工作還要好。前面提到的 W，不得不離開職場兩年多，但後來也回去上班了。

嫻人的職場人生建議

- 就像剛出社會要花時間探索，離開職場要展開新領域的工作，一樣需要時間嘗試錯誤，原地打轉幾年是可能發生的事。**退休金沒準備好，別輕易離開職場。**
- 要立刻有大收入不容易，但是也有時候，**別人的土可能是你的黃金**，任何工作都有人說，那不好做，那賺不了錢，但是，辦法是人想出來的，像是立靜在保險上的優異表現，又像是那位日薪可以高達 6 千元的家事管理員。
- 離開職場後的工作要面對不熟悉的事物，並且行銷自己，**一個人之所以和別人不同，不一定是他智商比較好，而往往是他能夠克服更多次的恐懼。**
- 不否認有創業精神的人百折不撓會成功，但不想一個人打拼的人，職場是最好的安身立命處，也是穩定累積退休金比較有利的途徑。

打造退休後的穩定被動收入

很多人希望退休後，還能持續有現金入帳、也就是非常熱門的「被動收入」。當我 2017 年底意外被退休之後，也很想要再度有收入。最後這一節就來分享我個人在退休後建立的收入來源，是不是有夠「被動」。

被動收入是「躺著就有錢進來」？

被動收入這個名稱，是來自於美國課稅的收入分類。在美國，收入分為 3 種類：

1 主動收入（active income）

指的是提供勞務或服務獲得的收入，像是薪水、佣金和小費等。

在前一節和大家分享可以做的各種工作,就是主動收入。

2 被動收入（passive income）：

指的是從財產租賃,或是本人沒有積極參與運作的企業合夥等營運收入。在第 5 章中有分享到一些房屋出租的狀況,雖然遇到房子、房客的問題要處理時感覺惱人,但那是正港的被動收入。

3 投資組合收入（portfolio income）：

指的是從投資、股利、利息和資本利得來的收入。就是在第 3 章講的「機運型」現金流,也就是投資收入。

而一般生活中,被動收入的定義很模糊,給人的印象是從職場退出,在家工作（WFH,work-from-home）、自己做老闆就能生活的型態,凡是不用在職場上討好老闆、應付同事,都容易被聯想成很輕鬆愉快的「被動收入」。

維基百科的說明是這樣的:「被動收入需要在一開始就做一些事前準備,在完成大部分事前準備工作後,收入會不斷增加,而不需要你付出太多努力。」建立被動收入對於退休準備有什麼好處呢?「晚上睡著的時候,錢還是自己滾進來」,這是不是太美妙了呢?

嫺人在退休後建立的 2 大被動收入

1 投資理財：得靠努力工作的事前準備

在 2017 年退休初期的金錢焦慮中，投入資金較少，但是我保持向目標前進，在 2020 年 COVID-19 和 2022 年因為通貨膨脹和美國升息而導致的股災期間，我仍持續投入市場。

到了疫情後我恢復出國旅行，2023 年出國旅遊 2 次，還有餘額可以再投入投資。當然投資是機運財，如果有人在 2007 年金融海嘯之前的高點中抱著一筆退休金投入在 0050，在 2011 年曾一度復原又下跌，總共要等待 6 年才會等到績效穩定上揚，因此做好資產配置就非常的重要。

初期幾年在投資個股領股息的階段，我也會預測和統計每年可以領多少股息，那好像是網路世界的「名牌包」，說出一年有 100、200 萬元的股息收入，就會獲得廣大群眾的按讚數。

但是在開始指數化投資之後，我不再迷戀股息，用 4% 法則的精神，但是改採 3% 的初始提領比率，來控制我的開銷在退休第一年占資產的比率；更關注的不是股息收入，而是每年資產經過我的消費之後，是不是有成長超過通貨膨脹 2%～3% 的比率。我只要保持好現金水位夠 2～3 年以上的生活消費，剩下股債配置中的部位，就讓它隨時間繼續長大。

雖然投資有風險，只要學習穩健的方式，**把握年紀還不是太大、可以承受風險的歲月，做好風險管控，享受投資長期向上的好處**，這

是退休後要優先建置的被動收入,因為它可以夠被動。

不過說到最後,天下還是沒有白吃的午餐,要能靠投資理財收入這項被動收入過日子,**你得先上班,做足「主動收入」的苦力**,如果想要縮短這個過程,你得同時節儉並讓上班得來的苦力收入複利成長,累積到一桶金。

別抱怨薪水太低、很困難,除了我公公是藍領階級卻累積出在身後需要繳遺產稅的財產之外,有公務員讀者和我分享,他長期薪水不足 4 萬元,在同事間委屈又吃鱉,但是靠著長期儲蓄投資,他已經達成財務自由,而辦公室裡領著 6 萬多甚至 8 萬月薪的同事,還在抱怨著錢不夠用。

2 個人品牌:部落格／Podcast／YouTube

49 歲退休後,距離一般的退休年齡還很遠,想做些以前上班時沒空做的事來豐富生活。我在網站上寫過一篇文章〈退休後可做什麼工作〉,除了和大家分享,也是我想認真用來嘗試的清單。

有人說我退休前是高收入族,經歷不值得一般小資族參考。但是啊!我做這些嘗試的時候,可完全不敢自視甚高;有人退休後放不下身段,我是沒有這種顧慮的,我充滿了好奇心。

退休前負責過業務和行銷,而我也喜歡寫作,部落格是我很認真做的嘗試,以部落格收入來看,要成為被動收入有 3 個可能性,而我又做得如何呢?

- **架設網站後插入廣告的收入**:我常被問到「要怎麼架網站」,

我是用 WordPress，但要詳細說明就得寫上好幾篇文章了，不是三言兩語可以回答。而且，架網站不困難，上網就可以找到很多佛心的教學文，照著做就行了。自學力是要架網站必備的能力。

我用的是 WordPress.com 的最高一階企業版，每個月要好幾百元，說來太技術性了，其實我一開始弄錯了，應該要用 WordPress.org 就好，可以節省一點錢。不過我將錯就錯，企業版可以加外掛，能架上 Google Adsense 廣告產生收入來回本，而不需要懂寫程式。

「晚上睡覺，錢也會自己流進來」？但是要達到這麼美好的願景，是你要一直有新的文章產出，Google 才會認為這是一個活的網站，要很主動、一點也不被動。

因為部落格是我興趣，而且當時我很想架出一個退休規劃的網站，把自己退休後遇到的問題都記錄起來，所以即便廣告收入最多的時候也不過幾千元，但是我還是繼續寫。如果你是想以賺錢為目的，那好好找一個明確可以賺錢的主題，最後可以導流去團購什麼的，不然我怕你很快就會拂袖而去啦！

後來因為寫書、演講等工作忙，沒空常寫新文章，加上開部落格的人愈來愈多，競爭變多，瀏覽量也就下降了。

而且更麻煩的是，2023 年之後投資詐騙廣告很多，為了不讓我的部落格變成詐騙的載體，我把後台有可能被詐騙下廣告的選項都一一剔除，其實一些稍有規模的媒體網站也是充滿詐騙廣告，但我就是道德尺度太高，並且網站只是我一個人的事，沒有需要達到收入目標，太麻煩的時候我會就停止 Google 廣告。

第 **6** 章
主動收入和被動收入

除了自己架設網站之外，你也可以考慮去方格子等文章平台寫文章，採用訂閱收費的模式。另外，據說部落格這種文字類型的收入是比較差的，如果你不是跟我一樣自閉又嫌麻煩，可以往據說收入較高的影音 YouTube 或是 Podcast 發展。

● **聯盟行銷**：我有時在文章中有提到特定通路上賣的書，或是我住過的飯店，如果有朋友點了我的連結而去電商網站消費，版主我能得到微小的佣金。不過，因為我不是天天都有旅遊文章可寫，所以收入非常非常少，更多是因為在旅遊結束後想更了解所到之地的歷史文化才寫遊記，是旅遊樂趣的延伸。

如果你想要藉由撰寫旅遊文章、透過連結點閱後獲得收入，你得要知道，這就是一項工作，要規劃好一年要有多少時間在旅遊、多少時間寫文章。

● **業配文、團購**：目前為止還沒有接過。我不喜歡金融商品業配，不然其實有高股息和債券 ETF 的邀約，當我說「習慣會做比較表，讓讀者知道利弊」時，當然就是擋自己的財路了。

我也不是要擋別人的財路，這是每個人的選擇，沒有對錯，要說對錯是主管機關要管的事。至於其他民生消費品，我就覺得沒問題，只是我這個人不能一心二用；其實，在寫這本書的期間有團購牛奶飲、檯燈、課程推廣等各式各樣的邀約，我想想後，又覺得先把書寫完再說吧！

● **演講**：2022～2023 年，演講應該是我主要的收入來源，雖然也不能說很多。而且考慮到幾個月前邀約、幾個月後的時間會被綁

255

住,但退休之後不就是要自由?所以我也會婉拒一些機會。

●**書的版稅和專欄稿費**:即便我的第一本書有名列大通路在 2023 年的年度分類百大銷售,以付出的時間換算月薪來說,對比一般上班族的薪水,老實說工資非常低。

不過,因為寫書或是專欄要不斷充實自己,所以會關注到本來不會去注意的議題。如果想在離開職場後仍持續成長,不要把每件事都算到很精和金錢回報掛鉤,從拓展眼界的角度輕鬆點去看,還是值得。

我自己是把「部落格收入」想成「旅費來源」,沒有設定遠大的獲利目標,讓它變成是生活樂趣的一部分。

即便還沒有人找你出書或去演講,也可以自己做電子書 e-book,或是自己開講座,自媒體的時代什麼都可能。

從零到有的部落格歷程與心得

我記得以前看過一位先生的報導(但現在搜尋不到了),他熱衷於研究地圖,研究了好幾年,最後竟然受到出版社的青睞、找他出書。退休後想起了這則報導,潛移默化地影響了我。

退休後開始寫部落格,也是抱著這種心情:「做做看」,**看看老天爺最後會告訴我往哪走,就算沒有走到哪裡去,也能自得其樂**。接下來就和大家分享,我從傻傻做,到後來走到出書的歷程。

2017 年 10 月,退休,開始土法煉鋼架網站。

2017 年 12 月 27 日,我的第一篇部落格文章誕生了:〈Campus

第 **6** 章
主動收入和被動收入

Cafe 排隊美式餐廳該點哪種帕尼尼？〉，現在看到這篇文章真是覺得很想藏起來，這感覺像是年輕人的風格，我當年 49 歲，寫幾篇後，就發現膽固醇過高，沒法到處吃喝了。

當時也不確定要寫什麼主題，但就是先用這些文章來練習關鍵字搜尋。有朋友問我網站怎麼架，其實那是最簡單的，這一點無法自學的話，後面就更卡關，==因為必須掌握關鍵字搜尋，知道要寫怎樣的文章才能被看到==。

2018 年 5 月 28 日，我跨越心理障礙，寫了第一篇關於「被退休」的文章—〈50 歲退休，非遊山玩水的「暗黑版」提早退休分享〉。那陣子媒體還沒有經營「提早退休」這個關鍵字；而有段時間搜尋「50 歲退休」，就會看到我的文章在 Google 搜尋排名第 1 名。

2018 年 7 月又克服另一個障礙，設立了「嫻人的好日子」臉書專頁，我是個不愛用臉書的人，更不愛貼生活照，成立臉書專頁真的是跨越了很大的一道坎。有讀者跟我說，不想被別人知道，那要如何經營粉專？請放心，匿名就好啦！

2018 年底，意外被電視台發現，第一次上電視台節目談提早退休，那是 MOMOTV。

2019 年 9 月《SMART 智富雜誌》因為看到我寫「4% 法則」而採訪我。記得那時候，專頁的粉絲數還不到 1 千人。

2021 年 2 月，開始受邀請到機關團體和企業演講。

2022 年 10 月底，出版了第一本書《提早退休說明書》。

2023 年～2024 年，得到了第二本書（也就是大家手上這本）和

線上課程的邀約等。

寫出這個歷程，是想摘要出以下建立退休後工作收入的心得——

- **能成就多少事，其實是看你能克服多少次恐懼**：每個第一次我都恐懼，開臉書粉絲頁和陌生人互動、去演講、寫書、寫專欄，都是克服害怕失敗的心理障礙硬著頭皮去嘗試的。我是 I 型人，也就是內向型思考的人，如果不是有很深的興趣，和很樂於分享，很難突破這些關卡。

- **持續不懈，就有機會**：臉書版主特別有個人魅力可能會一夕爆紅，但如我這種老實型的人，只要耐心和時間，不斷磨練抗壓度，慢慢來也很好，持續進行不中斷，也能有機會。

- **讓壓力激發出潛力**：讓我持續進行部落格的重要推力之一，是「退休後閒閒沒事的媳婦＝長輩看護」這個隱憂。所以啊，不要怨嘆身世坎坷，有時候這些壓力會激發出潛力！如果我當年沒有「長輩看護」、「金錢焦慮」的壓力，我可能不會這麼努力去試出現在新的「職稱」。

經過嘗試之後，目前暫時落戶的身份是一名「部落客」、「退休理財、生活規劃講師」、「退休理財作家」。這就是我從零開始分享退休生活之後，途中達到這些沒有刻意計畫、卻出乎意料之外的里程碑。

第 6 章
主動收入和被動收入

嫻人的理財摘要

- 累積出一桶金,用穩健資產配置打造成為最重要且可行的被動收入。
- 就如我社區大學 80+ 的前輩同學所說,他 60 歲退休,覺得退休生活 20 幾年很久啊。因此我覺得,即便你今天財務壓力很大,也不要自怨自艾,因為不管有沒有財務自由,找一件有興趣的事來個第三人生大冒險,並且有點收入,是很棒的事。
- 窮得只剩下錢,沒事可做,不一定會更好過!如果 65 歲才退休,悠閒生活很理所當然,但如果可能會比較早退休,現在就開始想想,退休後可以嘗試的工作清單,一邊工作一邊玩!

後記

一定要幸福喔！
給自己準備最棒的退休禮物！

　　有緣這本書在幸福文化出版，正當書籍校對進行到最後階段，責任編輯秉薇跟我說，「因為這本書的關係，責編我現在也非常認真地在規劃為了退休生活的理財了！」、「定期定額增加兩支指數型ETF，減少單一金融股和高股息ETF，連複委託都開了、在買美股的指數型呢！」

　　作者我自己也繞了二三十年的遠路，這本書可以說是我和多位讀者一起的理財懺悔錄和回憶錄，書中我引經據典，除了確保自己在未來的歲月裡不在理財上留下後悔，也很開心有機會可以發揮一點影響力，能夠分享穩健、有根據的理財知識，也不枉費我在學校、在工作上、以及和退休後關切切身的退休理財知識上的所學、所知。

　　雖然這本書大部分都在說投資理財，但是工作累積出退休金，是退休規劃最基本的一個環節，即便在離開職場之後，也不要誤以為你

的「人力資本」就是耗盡了,做些嘗試,人生遠比你想像的奧妙而有趣。

在理財之外,如能繼續延長有收入的年數,不但可以降低對退休金的憂慮,也能豐富人生。停止擔心退休金和退休後的生活空白,採取行動,工作是可以自己創造出來的!出發不一定要到達終點,途中的風景就夠你欣賞,也一定比站在原地自怨自艾美麗。

我代表退休人士,而責編秉薇還是在為退休累積的世代,我們一起,和讀者共勉,在往更美好的方向邁進的道路上,幾歲出發都不晚!

投資和人生都要風險分散、做好配置,定期再平衡,做好事前準備,也要安排好退路。祝福讀者朋友有幸福美好的退休人生,一定要幸福喔!

附錄 1　參考文章

Do as I Say (Not as I Do) On my failings as an investor
（照我說的做，而不是看我怎麼做就照著做）（作為一個投資人，我失敗的地方 2024.4.20）

作者：克莉斯汀・賓士（Christine Benz）
來源：Morningstar.com

Indexed Investing: A Prosaic Way to Beat the Average Investor
（指數化投資：擊敗普通投資者的平庸方式 2002.5.1）

作者：威廉・夏普（William Sharpe）
來源：Stanford University 官網

Five Things I Know about Investing
（我知道的關於投資的 5 件事 2022.3.17）

作者：肯尼斯・弗倫奇（Kenneth R. French）
來源：Dimentional.com

Ten Things to Consider Before You Make Investing Decisions
（做投資決策前要考慮的 10 件事）

來源：US Securities and Exchange Commission 官網

3 Key Retirement Decisions Affected By Higher Yields
（高利率下受影響的 3 個關鍵退休決定 2024.3.2）

作者：克莉斯汀・賓士（Christine Benz）
來源：Morningstar.com

What Role Should Cash Play in Your Portfolio?
（現金在投資組合中的功能 2023.6.17）

作者：艾美‧阿諾特（Amy C. Arnott, CFA）
來源：Morningstar.com

Warren Buffett Just Won a $1 Million Bet
（巴菲特剛贏了 1 百萬美金的賭金 2017.12.31）

作者：艾蜜莉‧普萊斯（Emily Price）
來源：Fortune.com

Bill Bernstein: Revisiting 'The Four Pillars of Investing'
（投資金律新版訪談 2024.7.12）

來源：Morningstar.com

How Not to Invest in the Bond Market
（怎樣不要投資債券 2024.4.19）

作者：傑森‧茲威格 Jason Zweig
來源：wsj.com

A 12% retirement return assumption is 'absolutely nuts,' expert says. Here's a realistic rate to expect
（專家說「假設 12% 的投資報酬率一定是瘋了」，這才是合理的預期報酬率 2024.1.19）

作者：蘿莉‧考尼許（Lorie Konish）
來源：CNBC.com

How to turn retirement savings into retirement income？

（怎樣將退休儲蓄轉成退休現金流 2023.6.17）

來源：Vanguard.com

なぜかお金が貯まらない「パワーカップル」の特 とは？

（存不了錢的「雙馬力夫妻」有何特徵？ 2024.1.11）

來源：news.mynavi.jp

Rich Dad Scam #6: Your House is an Asset

（富爸爸騙局 #6：你的房子是資產 2023.8.17）

來源：richdad.com

Pay Off Your Mortgage Early or Invest?

（該提前還房貸還是投資 2024.3.9）

作者：克莉斯汀・賓士（Christine Benz）
來源：Morningstar.com

Should You Rent or Buy a House?

（該租房還是買房？ 2024.3.26）

作者：尼克・馬朱利（Nick Maggiulli）
來源：ofdollarsanddata.com

「為何人口越來越少，房價卻只漲不跌？他從 6 次房市下跌史，道破臺灣人買房最大迷思」（2023.1.11）

作者：李昌鵬（Zack）
來源：風傳媒

Retirement age trends around the globe
（全球退休年齡趨勢 2023.10.9）

來源：World Economic Forum 網站

「『強者不屑霸凌』：面對職場小人，法律人的教戰守則——掌握三大重點，成功反擊職場霸凌」（2021.8.30）

作者：彭孟嫻
來源：換日線 Crossing 網站

令和 4 年における 警備業の概況
（令和 4 年〔2022 年〕警衛業概況）

來源：警察 生活安全局生活安全企画課

附錄 2　參考書目

《投資最重要的事》
The Most Important Thing Illuminated: Uncommon Sense for the Thoughtful Investor
作者：霍華・馬克思（Howard Marks）
出版社：商業周刊

《別把你的錢留到死：懂得花錢，是最好的投資——理想人生的 9 大財務思維》
Die with Zero: Getting All You Can from Your Money and Your Life
作者：比爾・柏金斯（Bill Perkins）
出版社：遠流

《致富心態》
The Psychology of Money: Timeless Lessons on Wealth, Greed, and Happiness
作者：摩根・豪瑟（Morgan Housel）
出版社：天下文化

《窮查理的普通常識》
Poor Charlie's Almanack: The Wit and Wisdom of Charles T. Munger
作者：查理・蒙格（Charles T. Munger）
出版社：商業周刊

《精算師給你做得到的安心退休指南：年金、儲蓄、支出、長照，全方位盤算的務實提案》
作者：佛瑞德列克・維特斯（Frederick Vettese）

出版社：Smart 智富

《投資金律（新版）：建立必勝投資組合的四大關鍵和十八堂必修課》
The Four Pillars of Investing, Second Edition: Lessons for Building a Winning Portfolio
作者：威廉・伯恩斯坦（William Bernstein）
出版社：臉譜

《漫步華爾街：超越股市漲跌的成功投資策略》
A Random Walk Down Wall Street: The Time-Tested Strategy for Successful Investing
作者：柏頓・墨基爾（Burton G. Malkiel）
出版社：天下文化

《漫步華爾街的 10 條投資金律：經理人不告訴你，但投資前一定要知道的事》
The Random Walk Guide To Investing
作者：柏頓・墨基爾（Burton G. Malkiel）
出版社：樂金文化

《投資學理論與實務 12 版》
Essentials of Investments
作者：Zvi Bodie、Alex Kane、Alan J. Marcus
出版社：華泰文化

《約翰柏格投資常識》（全新增訂 & 十周年紀念版）
The Little Book of Common Sense Investing：The Only Way to Guarantee Your Fair Share of Stock Market Returns (10th Anniversary Edition, Updated & Revised)

作者：約翰・柏格（John C. Bogle）
出版社：寰宇

《鄉民的提早退休計畫〔觀念版〕》
The Bogleheads' Guide to investing second edition

作者：泰勒・雷利摩爾（Taylor Larimore），梅爾・林道爾（Mel Lindauer），麥可・勒巴夫（Michael LeBoeuf）
出版社：樂金文化

《投資前最重要的事》
A Wealth of Common Sense: Why Simplicity Trumps Complexity in Any Investment Plan

作者：班・卡爾森（Ben Carlson）
出版社：商周出版

《智慧型股票投資人》
The Intelligent Investor: The Definitive Book on Value InvestingThe Definitive Book on Value Investing

作者：班傑明・葛拉漢（Benjamin Graham）
出版社：寰宇

《安養信託：放大你的退休金，打造晚美人生》
作者：李雪雯
出版社：時報出版

《富爸爸，窮爸爸（20週年紀念版）》
作者：羅勃特・T・清崎
出版社：高寶書版

外文書籍

Retirement Planning Guidebook: Navigating the Important Decisions for Retirement Success

（退休規劃指南：導航成功退休的重要決策）

作者：Wade D. Pfau
出版者：Retirement Researcher Media

The Ultimate Retirement Guide for 50+：Winning Strategies to Make Your Money Last a Lifetime

（給 50+ 的終極退休規劃指南）

作者：Suze Orman
出版者：Hay House LLC

If You Can: How Millennials Can Get Rich Slowly

（如果你可以：Y 世代如何慢慢變有錢）

作者：William J Bernstein
出版者：Efficient Frontier Publications

附錄 3　試算工具與好用連結

退休理財進度陪伴企劃

搭配書中內容，快速試算出各種目標金額和報酬率並提供實用的網站連結，幫助讀者們達到理想的退休後人生。

http://qrcode.bookrep.com.tw/afterretirement

【下載說明】：在電腦上打開雲端表單後，到最上方工具列的「檔案」中，由清單裡選擇「下載」，即可將檔案儲存到電腦中。

富能量 107

退休後，錢從哪裡來？
掌握兩大養老現金流，搭配「4% 比例」花費原則，
打敗未來高齡化又高通膨的財務計畫

作　　　者：嫺人
責任編輯：賴秉薇
封面攝影：璞真奕睿影像
人物梳化：湯晏寧
封面設計：許晉維
內文設計、排版：王氏研創藝術有限公司

總　編　輯：林麗文
主　　　編：高佩琳、賴秉薇、蕭歆儀、林宥彤
執行編輯：林靜莉
行銷總監：祝子慧
行銷企畫：林彥伶

出　　　版：幸福文化／遠足文化事業股份有限公司
地　　　址：231 新北市新店區民權路 108-1 號 8 樓
粉　絲　團：https://www.facebook.com/happinessbookrep/
電　　　話：（02）2218-1417
傳　　　真：（02）2218-8057

發　　　行：遠足文化事業股份有限公司（讀書共和國出版集團）
地　　　址：231 新北市新店區民權路 108-2 號 9 樓
電　　　話：（02）2218-1417
傳　　　真：（02）2218-1142
客服信箱：service@bookrep.com.tw
客服電話：0800-221-029
郵撥帳號：19504465
網　　　址：www.bookrep.com.tw

法律顧問：華洋法律事務所 蘇文生律師
印　　　製：中原造像股份有限公司
電　　　話：（02）2226-9120

初版一刷：2024 年 8 月
初版 11 刷：2025 年 2 月
定　　　價：400 元

Printed in Taiwan 著作權所有侵犯必究
【特別聲明】有關本書中的言論內容，不代表本公司／出版集團之立場與
意見，文責由作者自行承擔

國家圖書館出版品預行編目 (CIP) 資料

退休後，錢從哪裡來？：掌握兩大養老
現金流，搭配「4% 比例」花費原則，
打敗未來高齡化又高通膨的財務計畫 /
嫺人著. -- 初版. -- 新北市：幸福文化
出版：遠足文化事業股份有限公司發
行, 2024.08
面；　公分
ISBN 978-626-7532-06-5(平裝)

1.CST: 個人理財 2.CST: 生涯規劃
3.CST: 退休

563　　　　　　　　　113010353